EL DERECHO A COMPRENDER EL LENGUAJE DEL PODER

EL DERECHO A COMPRENDER EL LENGUAJE DEL PODER

Santiago Muñoz Machado

ESPASA

Espasa es un sello de Editorial Planeta, S. A.
Av. Diagonal, 662-664
08034 Barcelona (España)
www.planetadelibros.com
www.espasa.es

Primera edición: noviembre, 2025

Diseño de cubierta: Planeta Arte & Diseño

ISBN: 978-84-670-7962-3
Depósito legal: B. 18.273-2025

Impreso en España / *Printed in Spain*

SUMARIO

PRELIMINAR

El lenguaje del poder ha sido un tema recurrente de estudio para historiadores, juristas, sociólogos y lingüistas. Desde hace algunos años los enfoques se han centrado en la claridad de las comunicaciones con los ciudadanos. El atractivo de esta perspectiva de análisis ha crecido tanto como para desplazar a cualquier otro punto de vista. Existen ahora movimientos intelectuales y sociales globales que exigen claridad a las instituciones del Estado y a cualquier otra organización que domine sectores económicos o mercados. Este foco de atención concierne a todas las lenguas de comunicación transnacional y naturalmente el fenómeno ha alcanzado a la comunidad hispanohablante. En la geografía global de nuestra lengua se creó en 2022, con el apoyo de la Real Academia Española y los más altos tribunales de algunos países, una Red Panhispánica de Lenguaje Claro y Accesible, que ha agrupado en poco tiempo a centenares de instituciones estatales y privadas interesadas en la cuestión.

Cómo mejorar en beneficio de los ciudadanos la calidad e inteligibilidad del lenguaje del poder; este ha sido el lema de referencia.

El enfoque de estos análisis y su método ha sido hasta ahora lingüístico, como era de esperar. Primero se ha constatado la realidad de la premisa, que se ha tenido, en general, por apodíctica, porque existe una difusa conciencia social de que el lenguaje del poder no es el común de los ciudadanos y adolece de una oscuridad patente. En algunos casos, como el de la Justicia, la oscuridad, cuando no negrura o tenebrosidad, es una imputación y un lastre que arrastra desde siglos atrás sobre el que han alertado no solo los especialistas sino la literatura general, que ha encontrado en esa situación un apreciable argumento narrativo y dramático.

Constatada la singularidad de las comunicaciones de los legisladores, administradores y jueces, el siguiente paso ha sido la descripción de sus características, especialmente marcando las diferencias con las formas comunes de expresión de los ciudadanos. La Real Academia Española editó un *Libro de estilo de la Justicia* en 2017 y una *Guía panhispánica de lenguaje claro y accesible* en 2024 donde están hechos esos análisis con carácter general y sin perjuicio de las siempre posibles consideraciones complementarias.

Concluido lo anterior, los estudios desarrollan las propuestas a seguir para conseguir a medio plazo que el lenguaje de los poderes públicos sea más claro y accesible.

Creo que, hasta ahora, lo que ha sido menos atendido en los estudios es otro aspecto de la exigencia de claridad: la construcción de un derecho fundamental de los ciudadanos a comprender las normas, resoluciones y comunicaciones dirigidas a ellos, y las garantías de exigibilidad de ese derecho, traducidas en obligaciones de las instancias concernidas. La claridad del lenguaje del poder no es una cortesía ni una concesión graciosa, sino el cumplimiento de una obligación correlativa al derecho subjetivo a comprender.

Este es el punto de vista que asume el ensayo que el lector tiene en sus manos.

Para desarrollar este análisis no se toma como punto de partida la realidad inconcusa de que el lenguaje jurídico es ininteligible para los ciudadanos, sino que somete el apotegma a controversia. Lo hago porque las fuentes que se utilizan, más comúnmente, para reafirmar el carácter abstruso de las maneras de expresarse del legislador, la Administración y los jueces, son, todavía, las asentadas en la literatura de la Ilustración o en otras épocas pasadas. No sostengo que la oscuridad haya desaparecido, pero sí que sus manifestaciones han cambiado en el constitucionalismo actual. Además, no se presentan con iguales características en relación con los tres poderes del Estado, por lo que es necesario estudiar separadamente cada uno de ellos y la evolución del problema antes de sacar conclusiones. Por lo pronto, un recorrido histórico más reposado permite establecer que no es idéntica la evolución de las instituciones públicas ni asimilables sus pautas de comportamiento.

Despejado lo anterior, lo que sigue es el análisis de los principios y reglas constitucionales para determinar en qué medida puede apoyarse en la Constitución la existencia de un derecho fundamental a comprender el lenguaje del poder. Como no aparece reflejado en el articulado de ninguna Constitución (y desde luego no en la española) planteamos si se trata de un nuevo derecho, falto aun de reconocimiento expreso, o se puede entender comprendido en otros derechos de rango constitucional. Dada la importancia y carácter vinculante de las declaraciones supranacionales de derechos (Convención europea de 1950 y Carta europea de derechos fundamentales de 2000), hay que tener en cuenta también sus disposiciones. Mi conclusión es que ese derecho fundamental existe y que su régimen ha sido perfilado por la jurisprudencia, europea y estatal, aplicativa de la Constitución y los tratados internacionales referidos. También se encuentran en las leyes algunos desarrollos especializados, relativos, por ejemplo, al deber de transparencia, a los principios de seguridad jurídica, buena regulación y buena administración, o en normativas sectoriales relativas a la protección de datos o seguridad de los consumidores.

En cada uno de los poderes del Estado se han asentado, en los doscientos años de vida del régimen constitucional, instituciones y formas de comunicación con los ciudadanos que no son siempre insuficientes y criticables. Y, cuando actúan usando un lenguaje difícil, lo pertinente es formular recomendaciones lingüísticas sobre cómo mejorar esa concreta técnica o institución, no aplicar recetas generales. Y menos si son descalificadoras. Hay que tratar al Estado con delicadeza y remover lo caduco o inútil. Pero solo eso; lo demás está asentado sobre dos siglos de experiencia y no siempre hay alternativas más convenientes para el interés general.

Hay muchos ejemplos concernientes al funcionamiento de la Administración Pública o de la Justicia a las que puede aplicarse la anterior observación. En cuanto a la primera, la normativa sobre trasparencia y la jurisprudencia sobre ejercicio de potestades discrecionales, sanciones, motivación y notificaciones, por ejemplo, contiene un elenco de pautas sobre las que se puede trabajar desde un punto de vista lingüístico para mejorar la calidad, pero no se puede ignorar este acervo técnico ni reinventarlo.

Más sencillo es el caso de la Justicia: es verdad que la literatura judicial es farragosa, aficionada a los galimatías si se quiere, y llena de arcaísmos y formas complicadas de expresión. Pero los órganos judiciales son los únicos del Estado que cuentan con el auxilio de los abogados, que facilitan el funcionamiento técnico de los juicios y manejan profesionalmente el lenguaje especializado. No se puede olvidar esta circunstancia al atacar el problema de la oscuridad de la Justicia porque, en la mayor parte de las actuaciones, no intervienen directamente los encausados o interesados. Y esto es así desde hace más de dos mil años y en todos los sistemas jurídicos.

De modo que a cada poder sus remedios y partamos al proponerlos de conocer la estructura del derecho a comprender y los recursos técnicos e institucionales de que se vale cada uno de ellos, que no son coincidentes.

Y concluido este repaso se plantea la cuestión de las garantías del derecho para que su realización no sea una cuestión de buena voluntad de los poderes concernidos. Seguramente resultará sorprendente la conclusión que se alcanza en materia de garantías porque es el poder tradicionalmente considerado como el más oscuro, el judicial, el que soporta la responsabilidad de garantizar el derecho a comprender. Esta concentración de las garantías en la Justicia no exime a las demás instituciones de aplicar programas de lenguaje claro, pero las controversias sobre las vulneraciones del derecho de los ciudadanos han de repararse por la Justicia.

La evolución y propuestas sobre un tema tan revolucionario están abiertas y precisarán de la contribución de muchos especialistas, como viene ya ocurriendo. Este escrito solo aspira a alimentar, una vez más, el debate sobre la cuestión.

La Jaralta, agosto de 2025

I

DE CUANDO LAS NORMAS, LA JUSTICIA Y EL GOBIERNO SE HICIERON INCOMPRENSIBLES

Tal vez las reclamaciones de que el lenguaje del poder sea claro e inteligible sean la última expresión de un mito antiguo que hablaba de comunidades humanas organizadas sin leyes ni jueces. Esas sociedades anómicas y sin conflictos no necesitaban guardianes; solo era precisa una mínima organización para asegurar la educación de sus miembros. Para todo lo demás, bastaba con ajustarse al orden de la naturaleza.

La aspiración de que el poder muestre sus decisiones y planes con claridad puede estar anclada también en la mantenida añoranza literaria de formas de gobierno no autoritarias, en las que la relación con los miembros de la comunidad se llevaba a cabo en términos de libertad máxima y de concertación, sin recurrir a los procedimientos imperativos que caracterizan esa comunicación desde que se consolidó el Estado moderno.

La simplicidad de las normas, o su innecesaridad, y la resolución de los conflictos, si los hubiere, sin necesidad de recurrir a la aparatosa y formal justicia que se había establecido en el Estado moderno constituyen elementos esenciales de una utopía bastante extendida entre los autores de los siglos XVI y XVII, que suelen tomar sus desarrollos de textos de la literatura clásica.

El mito de la edad de oro procede de Ovidio de un modo más literal que de ningún otro autor clásico. En el inicio de su *Metamorfosis*, bajo el título «Las cuatro edades», desarrolla el autor ideas generales sobre la evolución de las comunidades humanas y sus relaciones con los dioses: «Fue creada la primera edad, la de oro, que sin responsable alguno, por propia iniciativa, sin leyes, cultivaba la lealtad y la rectitud. El castigo y el miedo estaban ausentes y no se entrelazaban palabras amenazadoras en bronce clavado ni la suplicante muchedumbre temía la cara de su juez, sino que estaban seguros sin garante».

Sigue la «generación de plata», dominada por Júpiter, en la que se acortó la feracidad de la tierra. Después vino la tercera generación, la «de bronce», «más cruel de carácter y más dispuesta a las terribles armas…». «De duro hierro es la última. Al punto irrumpió en la época del peor metal toda la iniquidad; huyeron el pundonor y la verdad y la lealtad; su lugar lo ocuparon los engaños, las mentiras, las emboscadas y también la violencia y el criminal deseo de poseer…».

La recuperación de la literatura clásica durante el Renacimiento pondría de nuevo en valor las ensoñaciones sobre las sociedades regidas sin conflictos ni aparatos judiciales, con pocas y buenas leyes. La literatura utópica desarrolló estas aspiraciones imaginando la vida diaria de comunidades humanas que no necesitaban el aparatoso sistema de normas que se estaba levantando justamente en aquella época.

Desiderio Erasmo en su *Elogio de la locura*, de 1511, protesta: «Los abogados reclaman para sí el primer puesto entre la gente culta. Ninguna otra clase está más satisfecha de sí misma. No cesan de dar vueltas a la roca de Sísifo, ordenando más de seiscientas leyes con el mismo espíritu sin importarles si sirven para algo. Y viven amontonando glosa tras glosa. Y una opinión sobre otra, como para dar a entender que su profesión es la más difícil de todas...».

Tomás Moro refiere al ideal de las pocas y claras leyes existentes en el territorio de Utopía (1516): «Pocas son las leyes que tienen, pero suficientes para sus instituciones. Lo que critican primeramente en los demás pueblos es el número infinito de leyes e interpretaciones, que, con todo, jamás son suficientes... Consideran injusto en extremo encadenar a los hombres con tantas leyes, tan numerosas que es imposible leerlas todas, y tan oscuras que muy pocos pueden comprenderlas...».

Los postulados utópicos más tardíos de Tomasso Campanella, en *La imaginaria ciudad del Sol. Idea de una república filosófica* (1623), son distintos porque aunque sostiene que las leyes en la ciudad son «pocas, breves, claras y están escritas en una tabla de bronce, colgada de los huecos del templo, es decir entre las columnas», la comunidad entera y la vida individual de los *solarianos* o *solares* discurre en un entorno totalitario y por completo reglamentado, sin familia ni propiedad, regida por Hoh el Metafísico (el sol, que está en el centro del templo circular, rodeado de siete murallas circulares que representan a los siete planetas; plasmación del sistema heliocéntrico de Copérnico), acompañado de tres ministros o príncipes que gobiernan sobre la defensa, la educación y el amor.

De las tres obras capitales de la literatura utópica, en las que se aprecia la influencia de *La república* de Platón, solo las dos primeras pudieron llegar a las manos de Cervantes, aunque es más seguro que las influencias sobre la añorada edad de oro a la que nuestro escritor se refiere también procedan de Juan de Mal Lara, cuya obra tenía el alcalaíno bien leída, o directamente de Ovidio.

En las obras de Cervantes hay varias alusiones a la edad de oro. Las más principales son la que recoge *El trato de Argel* («Oh santa edad, por nuestro mal pasada / a quien nuestros antiguos le pusieron / el dulce nombre de la edad dorada…») y la que introduce en el discurso a los cabreros en el capítulo XI de la primera parte del Quijote, declamado por el caballero andante mirando atentamente un puñado de bellotas:

> Dichosa edad y siglos dichosos aquellos a quien los antiguos pusieron nombre de dorados, y no porque en ellos el oro, que en esta nuestra edad de hierro tanto se estima, se alcanzase en aquella venturosa sin fatiga alguna, sino porque entonces los que en ella vivían ignoraban estas dos palabras de tuyo y mío. Eran en aquella santa edad todas las cosas comunes: a nadie le era necesario para alcanzar su ordinario sustento tomar otro trabajo que alzar la mano y alcanzarle de las robustas encinas, que liberalmente les estaban convidando con su dulce y sazonado fruto. Las claras fuentes y corrientes ríos, en magnífica abundancia, sabrosas y transparentes aguas les ofrecían...

El largo discurso llega a la siguiente conclusión:

> No había la fraude, el engaño ni la malicia mezclándose con la verdad y llaneza. La justicia se estaba en sus propios términos, sin que la osasen turbar ni ofender los del favor y los del interese, que tanto ahora la menoscaban, turban y persiguen. La ley del encaje aún no se había asentado en el entendimiento del juez porque entonces no había qué juzgar ni quién fuese juzgado.

Se trata del enunciado cabal de la utopía que propone don Quijote: el esfuerzo del caballero, siguiendo las leyes de la caballería, llevará al mundo a un estado feliz que recuperará la edad de oro. Se trata del retorno a una edad que existió pero que ya se estima perdida y que está en el recuerdo de la literatura clásica y vuelve con los autores del Renacimiento. Con el Renacimiento, Virgilio, Ovidio o Séneca recobran un interés particular y los escritores de los siglos XVI y XVII retoman sus argumentos con fuerza. El mito lo reverdecen, antes que Cervantes, Antonio de Guevara, Antonio de Torquemada o Mariana, y está también presente en toda la literatura que traen los historiadores y cronistas de América cuando narran las imágenes de los pueblos felices que han conocido en el Nuevo Mundo. Es el caso de las obras de Oviedo, Las Casas, Acosta, Sahagún u otros.

En tiempos de Cervantes, la legislación regia castellana era ya muy abundante. La situación, completamente diferente de la medieval, y se necesitaba un replanteamiento del sistema jurídico, de la organización administrativa, de la justicia, del Estado en definitiva.

Se utilizó el prestigioso derecho romano, en cuanto se acabó de redescubrirlo, como una primera respuesta a esa necesidad.

El derecho romano que se difundió por Europa era principalmente un derecho de juristas, de aquí que se extendiera también inmediatamente la práctica de mencionar las opiniones de los autores para resolver cualquier controversia. Eran tantas y tan variadas las interpretaciones de los autores, tan nemorosa su acumulación, que la determinación del derecho aplicable al caso suscitaba siempre dudas y generaba incertidumbre.

Esta situación hizo que creciera inusitadamente el estamento de los letrados y también la técnica de la anotación, las glosas, escolios y comentarios, las citas continuas de sus criterios. Las referencias en los procesos y en las leyes a las opiniones y citas de juristas antiguos y coetáneos llevó a abusos que intentaron ser corregidos desde el reinado de Juan II, que promulgó para ello la pragmática sanción de 1427 dirigida a limitar las alegaciones a los juristas más distinguidos y de autoridad indiscutible.

En la literatura del Siglo de Oro hay muestras abundantes de las críticas y burlas que el abuso de las glosas y opiniones de autores provocaron. Pocos autores se abstuvieron de hacerlo, pero basten algunas referencias a Lope de Vega y a Quevedo. En la obra de Lope, muy especialmente aparecen de forma reiterada citas de Bártolo y Baldo, entre los glosadores más importantes. En su *Fuenteovejuna*, utiliza por primera vez Bártolo como sinónimo de sabio, erudito, persona bien formada. En comedias históricas de Lope, como *La corona de Hungría* o *La santa liga*, reitera las alusiones a los nombres de Jasón y Bártolo o, como alternativa, Baldo de Ubaldi. También en *El cardenal de Belén*. O en *Mirad a quien alabáis, La venganza venturosa, La obediencia laureada, La pobreza estimada* o *El peregrino en su patria* y *El alcalde mayor*. Y exhibe dominio del asunto, con una gran concentración de citas, en *El cuerdo en su casa*.

Por lo que respecta a Quevedo, ese tipo de relaciones de nombres de comentaristas relevantes pueden verse, por ejemplo, en los *Sueños* y *La hora de todos y la fortuna con seso*. Aparecen repetidamente los nombres de Bártolo, Baldo, el abad Panormitano, Curcio, Jason de Maino, etc.

El derecho positivo fue, durante el período medieval, una creación espontánea de la sociedad. En la Alta Edad Media el derecho se originaba lenta y directamente desde el fondo mismo de la realidad social, principalmente a través del uso y la costumbre de la comunidad. El derecho en la Edad Media no es un derecho instituido por el poder político, Gobernar no consistía en crear derecho, sino en guardarlo y aplicarlo. El derecho consuetudinario era una preciosa posesión de la comunidad. Tenía la dignidad de la edad, pero también la que corresponde a la experiencia comunitaria que lo albergaba. Lo que valía, por tanto, era el «buen derecho viejo».

Con el Estado moderno, el rey pasó a ser no solo el juez de un derecho encontrado, sino el legislador de un derecho creado por él. La legislación se convierte en una característica de la dignidad real. De este modo empiezan a convivir la creación espontánea y la artificial del derecho, es decir, la costumbre y la ley. Se protesta contra «cosas extrañas», «nunca vistas ni oídas», porque contradecían un ideal jurídico y además un sistema de derechos adquiridos creados en el orden preexistente.

Es este el contexto ideológico, político y jurídico, que enmarca toda la obra de Cervantes, y muy especialmente el *Quijote*. Sus alusiones a una edad dorada en la que las leyes y los conflictos jurídicos se resolvían de una manera simple y poco formalizada, y en la que la comunidad social resolvía sobre sus propias normas sin imposiciones externas son algo más relevante que una simple ensoñación que utiliza materiales tradicionales de la literatura clásica.

En el *Quijote*, que rebosa de tal añoranza, están todos los ingredientes de ese derecho consuetudinario que permite la coexistencia de ordenamientos jurídicos privilegiados según personas, instituciones, estamentos, lugares o ciudades. No es un loco don Quijote por reclamar su derecho a ser hospedado gratuitamente en la venta, porque su condición hidalga, aunque lo integre en un segmento de nobleza menor, le permite invocar el derecho de fonsadera. Protesta y amenaza con buenas razones a los cuadrilleros de la Santa Hermandad, cuando se atreven a intentar detenerlo porque él no está sometido a la jurisdicción de esa fuerza. Se permite tener criterios jurídicos propios sobre las penas de los galeotes, y decide liberarlos, no porque don Quijote sea un tipo anarcoide, sino porque duda de que el rey pueda, conforme al derecho que él maneja, dictar penas como las que ha impuesto usando jueces tan corruptos...

2
LA RETÓRICA REFORMISTA DE LOS ILUSTRADOS Y SUS EPÍGONOS

Sobre la oscuridad de las leyes

La confusión entre costumbres y leyes nuevas produjo un ordenamiento jurídico inmanejable, repleto de situaciones especiales y privilegiadas contra las que reaccionó la filosofía de la Ilustración e, inmediatamente después, el constitucionalismo, que se consolida en los primeros años del siglo XIX.

Montesquieu estableció en el Libro XXIX de *El espíritu de las leyes*, titulado «De la manière de composser les lois», algunas recomendaciones sobre cómo debían redactarse las leyes. Aseguraba que el estilo de redacción debería ser conciso; las palabras a utilizar tendrían que ser las que los hombres emplean habitualmente para expresar las mismas ideas. Le parecía impertinente la utilización de expresiones vagas, o un lenguaje metafórico o figurado. Las leyes, decía el barón de Brède, no deben emplear más palabras que las necesarias; deben evitar toda clase de sutilezas e incluso las cláusulas abiertas. Por demás, han de ser estables, de modo que no cambien a menos que concurran razones bien justificadas. También es necesario explicar los motivos por los que las leyes se hacen, que deben ser dignos de la propia ley; las leyes inútiles no hacen otra cosa que debilitar a las que son necesarias.

La preocupación de Montesquieu por la correcta redacción de las leyes es bastante común en el período en el que él escribe. Muratori había publicado en 1742 su libro *Dei defeti de la giurisprudenza*, donde se argumenta contra la incongruente y atormentada redacción de las normas, que considera la fuente de los continuos problemas de interpretación y del creciente poder de los jueces. Federico de Prusia había leído en 1750 en la Academia de Ciencias de Berlín unas *Dissertations sur les raisons d'établir ou d'abroger les lois*. Las voces «legislador», «juez» y «ley», de la Enciclopedia, insisten en la misma preocupación. El amor a las leyes bien hechas es el ideal que anima al Club de los Nomófilos, que se reunía en el tiempo de la Revolución en la Capilla de Santa María, en el barrio de Saint-Antoine.

Jeremy Bentham insistirá en sus escritos, mientras se desarrolla la Revolución y en los años posteriores, sobre la importancia de garantizar la simplicidad del Derecho. Es reiterativa la preocupación por racionalizar el caos jurídico de su tiempo, superándolo con un sistema normativo adecuado, basado en el código, al que el filósofo atribuye tres virtudes esenciales: la sistematización, la publicidad y la técnica legislativa correcta. Están expresados estos ideales en varias de sus obras (especialmente en *An Introduction to the Principles of Moral and Legislation*, en su *Idea General de un Cuerpo Completo de Legislación* y, por lo que concierne a la redacción de las normas, en su curiosa *Nomografy or the Art of Inditing Laws*). A pesar del prestigio y la indiscutible influencia del pensamiento de Bentham, los legisladores de los decenios sucesivos empezaron a abandonar enseguida sus fundamentadas recomendaciones.

La gran aclaración legislativa

El único ámbito del lenguaje del poder en el que se hicieron visibles las ideas reformistas ilustradas fue en el dominio de la legislación, en tanto que en Europa, como en todos los países del entorno hispánico, se intentó inmediatamente organizar sistemáticamente la normativa vigente en códigos generales. Pero hago notar, antes de proseguir con el ejemplo, que el movimiento codificador solo consiguió resultados en algunos dominios del Derecho, como el civil, penal y mercantil y en la nueva ordenación de las leyes procesales.

He aquí el ejemplo magno del Derecho Civil referido a todo el ámbito de las repúblicas hispanohablantes de América:

Durante toda la etapa de la colonia se mantuvo la unidad jurídica en América. La Corona de Castilla, a medida que se fueron descubriendo tierras, no tuvo la menor intención de establecer un régimen jurídico distinto para cada uno de los nuevos territorios, desmembrándolos en diferentes unidades políticas, cada una con su Derecho privativo, como era la tónica general en España. La monarquía de la España conquistadora, la de los Austrias, era la clave de bóveda que sostenía y articulaba la unidad superior de un conjunto de reinos con identidad jurídica propia. En cambio en ultramar se aplicó el mismo derecho en todo el territorio, el derecho de Castilla, de modo que no hubo un ordenamiento jurídico formado por la suma de derechos particulares sino un mismo derecho general y universal que regiría en la totalidad de las Indias.

Se mantuvo la unidad jurídica rigiendo un derecho marcadamente igual que el vigente durante los siglos de la colonia. Es decir, el derecho castellano de las *Siete Partidas*, el *Fuero Real*, las *Leyes de Toro*, la *Nueva Recopilación de las Leyes de Castilla*, etc. Era imposible cambiar de modo inmediato la totalidad de la legislación y ello determinó el mantenimiento de la vigencia de la preexistente. Se mantuvo la misma unidad jurídica en los nuevos Estados soberanos. Ninguno de los gobernantes pensó en derogar el derecho hasta entonces vigente, entre otras importantes razones porque no tenían con qué sustituirlo.

La renovación de toda aquella legislación castellana esencial tendría que producirse mediante la codificación, sumándose las repúblicas americanas a un proceso de ordenación y sistematización del Derecho que había recorrido toda Europa desde finales del siglo XVIII.

La idea y los proyectos de codificación se fueron implantando con diferentes urgencias. Uno de los más tempraneros fue el de Venezuela, que en su Congreso Constituyente de 1811 previó la formación de una comisión que elaboraría un código civil y otro criminal. En Argentina un proyecto de Constitución para las provincias del Río de la Plata de 1811 preveía un código breve. En otros países se avanzó en el mismo sentido esos años: la Constitución de Cundinamarca, en la futura Colombia, de 1811, o el Acta de la Federación de las Provincias Unidas de Nueva Granada, de 27 noviembre de 1811, aludían a la preparación de códigos, propósito que se repitió en casi todos los países a medida que se fueron aprobando sus constituciones. Hacía falta, para abordar estas tareas, poder manejar modelos avanzados, y la promulgación del Código Civil francés de 1804 se convirtió enseguida en una fuente de inspiración. Es lógico que fueran los territorios que tenían más influencia francesa los primeros en aprobar su Código, reproduciendo aquel importante texto. Ocurrió en el Estado de Luisiana, integrado ya en Estados Unidos de Norteamérica, que publicó en 1808 un *Digeste des lois civiles*. La República de Haití, que comprendía entonces toda la isla de Santo Domingo, publicó en 1825 un Código. En 1829 hizo lo propio el estado de Oaxaca, el primero de habla española del continente en promulgarlo. En Chile, bajo la presidencia de Bernardo O'Higgins, en 1822, o en Buenos Aires, bajo la del gobernador federal Manuel Dorrego, en 1828, se propuso la incorporación del Código napoleónico. En fin, casi toda la primera mitad del siglo XIX estuvo marcada por la fuerte influencia del Código francés en los proyectos de códigos que se formularon o en los textos que se llegaron a aprobar.

La segunda mitad del siglo conoció piezas legislativas importantes con diferente orientación. Hubo un Código peruano de 1847, seguido de otro de 1852. Un proyecto uruguayo de Eduardo Acevedo y otro granadino de Justo de Arosemena, en 1853. Pero el proyecto chileno de Andrés Bello de 1853 fue el más importante de todos, porque, una vez aprobado, influyó en la legislación de todo el continente.

El Código chileno promulgado en 1855 marca el inicio del período de mayor calidad y duración de la vigencia de los códigos. Chile había aprobado, después de un largo período de inestabilidad, una Constitución en 1833. Fue esencial para abordar, a partir de ella, la preparación de un Código Civil que desarrollase los nuevos principios económicos en que se basaban las relaciones jurídico privadas de la burguesía liberal.

Andrés Bello fue el encargado principal de su preparación. Bello había sido designado en 1830 director del periódico oficial *El Araucano*. En 1834 fue designado oficial mayor, cargo entonces equivalente al de subsecretario o viceministro del Ministerio de Relaciones Exteriores. En 1837 fue elegido senador de la República. En 1843, rector de la recién creada Universidad de Chile.

Como se deduce de los anterior, se demoró casi todo el siglo la tarea de codificar, en la que Hispanoamérica fue mucho más espabilada que España, que en materia civil no lo consiguió hasta 1889, porque aquí las pugnas por los derechos territoriales o forales impidieron la unidad jurídica.

Pero no habían terminado los legisladores la tarea cuando empezaron a desbaratarla en el siglo XX. No solo porque el comienzo de ese siglo horroroso estuvo plagado de intromisiones políticas en el lenguaje del pueblo, de la mano de los fascismos emergentes en el primer tercio, sino porque en todo el mundo la legislación se desbocó, las Administraciones Públicas crecieron hasta el paroxismo y los jueces y tribunales ocuparon mucho más espacio en la ordenación de la convivencia. Ni siquiera las debacles, casi sucesivas, provocadas por las dos guerras mundiales del siglo, pudieron arreglar esta tendencia que más bien empeoró.

El ciclo de la oscuridad volvió a abrirse por razones que, salvadas las distancias, tenían un parentesco adivinable con las que concurrieron en la época de la emergencia del Estado Moderno. Novedades abrumadoras en la política, con nuevas Constituciones y leyes, e innovaciones en los mercados donde empezaron a situarse empresas y corporaciones con poderes capaces de condicionar la vida de los ciudadanos.

Los insondables arcanos de la Justicia

La dificultad de predecir el comportamiento de la Justicia, sus reglas y decisiones fue objeto, desde los siglos de oro, como se recordó al principio, pero sobre todo durante el siglo de la Ilustración, de las críticas más aceradas. Los escritores se refieren a los jueces y los procesos como el dominio de la arbitrariedad donde la oscuridad tiene establecido su asiento: no es posible saber con seguridad cuáles son las reglas a que se atienen los jueces, que no suelen explicar los fundamentos de sus decisiones.

Podemos tomar como referencia, para resumir una literatura muy amplia y compleja, y punto de partida el *Tratado sobre la tolerancia* de Voltaire, ideado como un alegato sobre el proceso, suplicio y ajusticiamiento en la rueda de Jean Calas. En 1764 publicó el *Diccionario filosófico*, donde se encuentran muchos artículos sobre «jurisprudencia»; y en 1766 el *Comentario al tratado de Beccaria sobre los delitos y las penas.* La discriminación, la desigualdad y la desproporción y desmesura en la fijación y la aplicación de las penas centran su explosiva literatura sobre el proceso penal. Dice, por ejemplo: «Siendo de ordinario la estafa, el hurto y el robo el crimen de los pobres, y habiendo sido hecha la ley por los ricos, ¿no pensáis que los gobiernos, que están en manos de los poderosos, deberían comenzar por eliminar la mendicidad en lugar de esperar la ocasión para ponerlos frente al verdugo?».

Pero ningún libro de la época más influyente que el de un joven de veintiséis años, Cesare Beccaria, titulado *Dei delitti e delle pene.* Aunque recoge muchas ideas que están expuestas también por otros filósofos ilustrados, sus propuestas, después de una descripción muy viva de las prácticas de su tiempo, radicaban en la afirmación de que solo las leyes pueden establecer las penas evitándose el arbitrio desmesurado de los jueces, la invención de las infracciones punibles y de las penas mismas para cada caso. Las operaciones que han de llevar a cabo los jueces son de estricta subsunción, es decir, de verificación de si una actuación determinada reúne las características tipificadas en la ley penal y, en tal caso, aplicarla. Las penas acordadas deben ser proporcionadas a las circunstancias del delito, sus consecuencias, la persona del delincuente... Su oposición a la tortura judicial es total, y sus posiciones abolicionistas de la pena de muerte también son enérgicas, aunque la acepta solo en dos supuestos extremos.

La primera traducción española de la obra de Beccaria se publicó en 1774, y circuló poco tiempo con libertad porque la Inquisición la prohibió el 20 de junio de 1776.

Muchos políticos e intelectuales ilustrados del siglo habían orientado escritos que secundaban el pensamiento concerniente a la necesidad de revisión del proceso penal. Es de recordar el escrito de Melchor de Macanaz titulado «Auxilios para el bien gobernar de una monarquía católica» dirigido a Felipe V en 1722; o las críticas que, bajo el título «Paradojas políticas y morales», incluyó el padre Jerónimo Feijóo en el volumen VI de su *Teatro crítico universal*. Terminando el siglo, se publicó la importantísima obra de Manuel Lardizábal *Discurso sobre las penas* (1782), obra eruditísima y alineada con el pensamiento de los ilustrados franceses e italianos. Cabe citar las críticas contra el duelo, que resultan de la pieza teatral de Jovellanos *El delincuente honrado,* estrenada en Aranjuez en 1774. Importantes son los *Discursos forenses* de Meléndez Valdés, ya arrancando el siglo siguiente, en el que se desarrollan diferentes intentos de aprobar un código penal que recoja definitivamente todas las propuestas que habían desarrollado los ilustrados, convertidas en principios y reglas en diversos preceptos (especialmente desde el artículo 286) de la Constitución de Cádiz. Los proyectos más destacados concluyeron en los códigos penales de 1822 y 1848, en los que tuvieron una intervención destacada, respectivamente, José María Calatrava y Joaquín Francisco Pacheco.

Este cúmulo de propuestas y reformas no llegó, sin embargo, a proyectar claridad ni racionalidad al sistema punitivo español. Sería muy largas de narrar las circunstancias concretas que lo imposibilitaron, lo que no es posible en un escrito como este dado su contenido y fines. El mejor ejemplo de la nula eficacia que las reformas proyectaron sobre la seguridad y claridad de los procesos la ofrece un texto legal capital de final del siglo, la Ley de Enjuiciamiento Criminal de 14 de septiembre de 1882, texto de absoluta importancia para explicar la situación del proceso penal en España considerando que, aunque reformada en muchas ocasiones, se ha mantenido y sigue vigente en la fecha en que redacto estas páginas.

La formidable exposición de motivos de la Ley describe los «vicios crónicos de nuestro sistema penal» con absoluto desgarro: el no sometimiento de las decisiones judiciales a la legalidad sino el mantenimiento de un «arbitrio desmedido» de los jueces, la enorme duración de los procesos, de modo que «es frecuente que un sumario no dure menos de dos (años), prolongándose en ocasiones por todo ese tiempo la prisión preventiva de los acusados…». Se parte de la presunción de culpabilidad; al juez le valen las pruebas que sirven para sostener la acusación y desestima las que favorecen al acusado: «El juez que instruye es el mismo que pronuncia la sentencia, con todas las preocupaciones y prejuicios que ha hecho nacer en su ánimo la instrucción…».

Naturalmente la nueva Ley, como pronostica su exposición de motivos redactada por Alonso Martínez, pretendía resolver estas cuestiones. Pero lo cierto es que, considerando muchos casos de aplicación de la justicia penal en concreto, el panorama de la justicia penal en España presentaba todavía en los inicios del siglo XXI muchísimos problemas desde el punto de vista de la seguridad de los ciudadanos y la claridad y legalidad de los procedimientos (S. Muñoz Machado, 2010, 2014 y 2020).

La Administración Pública como heredera universal del poder de las instituciones del Antiguo Régimen

Por lo que concierne al modo de actuar del Ejecutivo, cuyo brazo de gestión son las Administraciones Públicas, es necesario considerar las consecuencias descomunales que trajo la aplicación de los principios asentados en el constitucionalismo contemporáneo a partir de la Revolución francesa de 1789. La aplicación del principio de igualdad obligaba a la demolición de muchas instituciones y su sustitución por un orden político y social nuevo. El preámbulo de la Constitución francesa de 3 de septiembre de 1791 decía que el derrumbe general de toda la estructura social del Antiguo Régimen era necesario porque su mantenimiento «hiere» la proclamada igualdad de los ciudadanos en el artículo primero de la Declaración de Derechos de 1789.

Pero el efecto de la igualación no supuso la desaparición de las viejas prerrogativas, sino solo la eliminación de las instituciones que las ostentaban. En adelante los privilegios se concentrarían en manos de la nueva Administración Pública. Ella sería la encargada de desarrollar los principios constitucionales y los mandatos de un legislador ideológicamente obligado a la creación de una sociedad igualitaria; la Administración se convertirá en el brazo ejecutor activo, permanente y especializado, al que se confiera toda la tarea aplicativa. Para hacerlo posible, se concentra en ella un poder que, como apreció Alexis de Tocqueville, nunca había sido conocido antes en la historia. Escribió Tocqueville: «Observaréis un poder central inmenso que ha atraído y absorbido en su unidad todas las parcelas de autoridad y de influencia que estaban antes dispersas en una multitud de poderes secundarios, de estamentos, de clases, de profesiones, de familias y de individuos, y como esparcidas por todo el cuerpo social. No se había visto en el mundo un poder semejante desde la caída del Imperio romano. La Revolución ha hecho este poder nuevo, o más bien, este ha surgido, por sí mismo, de las ruinas que la Revolución ha hecho».

La magna investidura de poder a favor de la Administración Pública contemporánea supuso encomendarle la prestación de todos los servicios que habían estado a cargo, durante el Antiguo Régimen, de entidades intermedias entre el Estado y la sociedad, como las de beneficencia o las de carácter educativo, sostenidas sobre todo por la Iglesia católica. Recibió la Administración poderes suficientes para constituir un nuevo orden económico en el que dominara el derecho de propiedad como inviolable y sagrado, lo que implicó habilitarla para llevar a cabo complejísimas operaciones de desvinculación y desamortización de la propiedad, retenida con anterioridad al servicio de la nobleza, el clero o las manos muertas. Y, para lo que aquí interesa especialmente, la dotaron de prerrogativas que le permitían asegurar el orden de la convivencia de los nuevos ciudadanos, sometiendo a autorización y vigilancia muchas de sus actividades relevantes; también asumió la responsabilidad sobre el buen funcionamiento de los mercados, las infraestructuras y los abastecimientos y, sobre todo, de asegurar el orden público.

Para que ello fuera posible, las Administraciones públicas de todo el continente europeo y, con algo de mayor premiosidad, del americano, tuvieron que dotarse de un ejército de empleados públicos formados conforme a las nuevas reglas constitucionales y legales.

Las primeras disposiciones destacables del siglo XIX en España fueron los Reales Decretos de López Ballesteros de 7 de febrero de 1827 y 3 de abril de 1828. Permanecieron vigentes mucho tiempo aunque solo se referían a los empleados de la Secretaría de Estado de Hacienda. El mérito de la primera regulación general pertenece al Estatuto de Bravo Murillo, aprobado por Real Decreto de 18 de junio de 1852. Instauró la carrera administrativa de los funcionarios montada sobre la base de asignar categorías personales a los empleados. De su regulación se pasa a la ordenación de la función pública del denominado Estatuto Maura, aprobado por Ley de bases de 22 de julio de 1918.

Además de crear cuerpos disciplinados de empleados públicos se precisaba también para mantener el orden público, siempre amenazado y quebrado en la primera mitad del siglo XIX. Su preservación en los primeros desarrollos de la Constitución de Cádiz estuvo confiada a la Milicia Nacional. No era posible que se desarrollaran los nuevos servicios públicos, que se asignaron a la responsabilidad de la Administración, si no se aseguraban las condiciones necesarias de orden y seguridad. La Milicia Nacional era objeto de críticas, sobre todo por las fuerzas conservadores, por incitar y participar en las algaradas más que en prevenirlas y sofocarlas. En 1843, Alcalá Galiano llegó a decir que «en España parecía que la Milicia estaba instituida para favorecer los motines y las rebeliones, y de cuantos excesos se han cometido en nuestra patria ha sido ella cómplice cuando no causa y motora primera... Todos los levantamientos, todas las juntas la han tenido por madre». Se echaba de menos la existencia de un cuerpo desplegado en todo el territorio nacional, con carácter permanente, que tuviera por objetivo principal el mantenimiento del orden en las ciudades y en los campos y la protección de las personas y las propiedades. Este cuerpo tardó meses en constituirse, aunque el proceso había empezado con el inicio de la regencia de Espartero en 1843. Concluyó la primera etapa con la promulgación del Real Decreto de marzo de 1844, que es el que se considera fundacional de la Guardia Civil.

La seguridad en la calle fue el primer gran servicio público que hizo posible la emergencia de todos los demás. Empezaron inmediatamente a desarrollarse otros servicios que caracterizaron la relación entre la Administración Pública y los ciudadanos en el siglo XIX y fueron el germen de la Administración prestacional del siglo XX: educación, beneficencia, sanidad, obras públicas, correos y telégrafos, archivos, bibliotecas, museos, etc.; se creó la jurisdicción contencioso administrativa en 1845 y se asentó la estructura de la Administración centralizada que perduraría durante el siglo y medio siguiente.

Pero, para lo que aquí se analiza, a los efectos de las relaciones de las Administraciones Públicas con los ciudadanos, fue trascendental la construcción del régimen jurídico de la Administración, las reglas de su comportamiento ante el Derecho. En la Europa continental y, desde luego en España, el poder absoluto de la monarquía, ejercido directamente por el rey o a través de órganos colegiados como los Consejos con funciones consultivas y ejecutivas, consistía en la capacidad de imponer sus decisiones sin contestación. Lo que el monarca acordara era de obligado e inmediato cumplimiento.

La Administración Pública constitucional fue heredera en plenitud de estas prerrogativas. Con el tiempo llegaron a incorporarse los textos legales y a explicarse sus contenidos en los sesudos tratados de Derecho Administrativo. Se sustanciaban en lo siguiente: las decisiones de toda clase que adopta la administración se presumen válidas, es decir, se consideran conformes a derecho salvo que la Justicia, en el marco de un procedimiento adecuado, diga lo contrario. Sin perjuicio de que esto pueda ocurrir, todas las decisiones de la Administración Pública son inmediatamente ejecutivas, es decir, obligan a su cumplimiento inmediato: en caso de retraso o resistencia, la propia Administración, sin necesidad de impetrar el auxilio de los jueces y tribunales, puede ejecutar forzosamente sus decisiones usando sus propios medios de coacción.

Para complementar la descripción del formidable poder con que quedó dotada la Administración Pública en el nuevo orden constitucional emergente desde principios del siglo XIX, hay que saber que las posibilidades de control de sus decisiones por los tribunales fueron muy reducidas durante más de siglo y medio. No todas sus decisiones podían ser impugnadas y siempre le quedaba a la Administración un margen importante para desatender las sentencias condenatorias.

En este contexto histórico se puede comprender bien que la ideología dominante era la del poder de decidir sin mayores miramientos respecto de los derechos de los ciudadanos. La Administración gestiona y resuelve en atención a los intereses generales y no pueden oponerse a sus criterios otros concernientes al interés particular de los ciudadanos. Domina el principio de autoridad. Muchos valores que hoy han recuperado una posición primaria en las relaciones de la Administración y los ciudadanos quedaron relegados, empezando por las explicaciones claras y accesibles de los motivos de las decisiones administrativas y sus consecuencias.

3
LA MARCADA INSUFICIENCIA DE LOS DIAGNÓSTICOS SOBRE LOS FUNDAMENTOS LINGÜÍSTICOS DE LA OSCURIDAD

Antes de avanzar más en la exposición de los remedios a esta situación, que viene arrastrándose desde el inicio del constitucionalismo, con picos de gravedad cíclica que coinciden, en todo el orbe, con los periodos en que los Estados han caído en manos de gobiernos autoritarios, es necesaria una referencia a los aspectos lingüísticos del problema. Se trata de verificar que las razones semánticas de la oscuridad están diagnosticadas y los remedios que habría que aplicar están identificados.

Para no ir a buscar fuera del ámbito que me resulta más familiar desde hace algunos años, que es el de la Real Academia Española, el desarrollo de los «libros de estilo» y herramientas normativas semejantes como la *Guía panhispánica del lenguaje claro y accesible,* (2024), para comprobar cómo se invocan, como criterios de autoridad, las máximas, aforismos y adagios que se formaron en el periodo clásico o, especialmente en el transcurso de los siglos de oro y la Ilustración. Las ideas romanas y los proverbios que recogieron los autores ilustrados que se han citado antes se mencionan también en nuestro *Libro de estilo de la Justicia* (2017). Y en cada capítulo de la *Guía* citada, se podrá encontrar una sentencia de algún autor indiscutible en cuya autoridad se puede encontrar aliento para explicar lo que sigue. Su valor es indiscutible.

Un análisis lingüístico, atenido a la gramática y la semántica de los tecnolenguajes, especialmente el de los juristas, que suele ser el más examinado y denostado (inducen al error de creer que es el único tecnolenguaje que plantea problemas de comprensión), permite extraer conclusiones certeras sobre los usos que habría que corregir para pasar de la oscuridad a la claridad.

En el *Libro de estilo de la Justicia* mencionado, hicimos ver que la terminología jurídica ha heredado muchas de sus voces de las fuentes en que se inspira. El derecho romano nos ha dejado muchos latinismos crudos o literales, como *litis, petitum, factum, nasciturum, ab initio, ab intestato, a limine, habeas corpus, ipso iure, sub iudice,* etc. Del latín derivan también muchas palabras adaptadas a nuestra lengua, como *abolir, abrogar, delito, usufructo, precario.* Y otras tantas han sido creadas modernamente sobre base latina. Pero también las hay que son adaptaciones del griego, como *amnistía, enfiteusis, hipoteca, democracia*; o también del árabe, como *albacea, alevosía, alguacil, alquiler, arancel.* Por supuesto, tenemos un buen puñado de galicismos y de anglicismos que hemos incorporado sin resistencia.

Pero las dificultades de comprensión que presenta el lenguaje jurídico no derivan tanto de su léxico como de los diversos formulismos y expresiones que emplea, que no pertenecen al lenguaje común. Está demostrado que utiliza muchos arcaísmos, como *débito*, *susodicho*, *infraescrito*, *adverar*, *dirimir*, *incoar*, *otrosí*, etc. Otras variaciones se emplean para referirse a personas que intervienen en los actos jurídicos o administrativos (*el abajo firmante*, el *ahora recurrente*, *ante mí el secretario*, etc.).

Muchos textos legales y judiciales son producidos por un emisor institucional y van dirigidos a un destinatario que, en muchas ocasiones, es general o no está predeterminado. De aquí que sea frecuente el uso de fórmulas verbales impersonales y pasivas, que evitan la referencia a la primera persona. Por ejemplo: *se resuelve*, *se da traslado*, *se modifica*.

También se usan expresiones que evitan referirse a los actores; por ejemplo; *procede*, *conviene*, *es de interés*, *es de justicia*. O no se usa la tercera persona y se evita referirse al emisor o al destinatario. Por ejemplo: *debo autorizar y autorizo*, *ante mí el secretario*. O se hace referencia a los actores a través de sus funciones o posición en el proceso usando sustantivos deverbales; por ejemplo: *el acusado*, *el denunciante*, *el apelante*, *el declarante*, *el recurrente*, *el abajo firmante*; también expresiones como *el juzgado* o *este tribunal*.

Tenemos estudiadas las características con las que se emplean los verbos en el lenguaje jurídico, que los diferencian del lenguaje más usual. Sabemos también cómo se manejan los nombres, y que existen formaciones típicas del lenguaje jurídico (*suplicación*, *impugnación*, *ratificación*, *autorización*, *tramitación*, *apelación*, por solo citar algunos de los ejemplos que usan la terminación en *-on*).

Están identificadas, en fin, las características de los adjetivos, que suelen emplear sufijos que se reiteran mucho; en especial: *-ado* como *demandado*; *-al* como *testifical* o *judicial*; *-ante* como *querellante* u *obrante*; *-ario* como *arbitrario*, *dinerario* o *tributario*; *-ivo* como *administrativo*, *lesivo*, *punitivo*, etc.

Por lo que concierne a los adverbios, lo más caracterizado es el empleo de algunos arcaicos, como *otrosí*, *amén*, *empero*...

Sin embargo, la oscuridad no es solo, ni principalmente, un problema constreñido al empleo abusivo de palabras o locuciones que no están en el uso general de la lengua, sino más bien en la composición de las oraciones, su puntuación defectuosa, la utilización de periodos muy largos, el recurso a párrafos incidentales o acotaciones subordinadas que hace más difícil el seguimiento del discurso general. En fin, en resumidas cuentas, se trata de una manera de expresarse que no es comprensible para ciudadanos de cultura básica.

Estas ideas ya han sido muchas veces repetidas y en los mismos textos a que me estoy remitiendo se pueden encontrar alternativas de redacción para que sus desarrollos sean claros. La cuestión que ahora deseo destacar es que el diagnóstico está hecho y las propuestas lingüísticas para salir del problema también, pero su aplicación en la práctica no está siendo ni rápida ni suficiente (por más que resulte evidente que se ha extendido en los últimos años una fuerte conciencia social sobre la necesidad de que cambien los hábitos, lo que implica que puede considerarse la emergencia de una «legalidad blanda» que reprueba la resistencia a hacerlo).

Trataré a continuación acerca de cómo se puede avanzar más estableciendo las bases de un derecho fundamental a comprender que permita exigir el uso del lenguaje claro, un derecho ejercitable y exigible ante instancias que garanticen su disfrute efectivo, papel que, de ordinario, desempeñan los tribunales de justicia.

La operación radica en encontrar en las constituciones y las declaraciones internacionales y supranacionales un derecho a la claridad en las comunicaciones dirigidas a los ciudadanos de todos los poderes públicos (y también de las corporaciones que ostentan poderes de mercado condicionantes del disfrute de los derechos de los ciudadanos).

El gran movimiento político y social que se está desarrollando a escala internacional (en nuestro caso en toda la geografía hispanohablante, pero el mismo fenómeno ha alcanzado a otras lenguas de comunicación universal), nos sitúa en un escenario más exigente que obliga a abandonar la retórica ilustrada y colocar en su lugar soluciones constitucionales bien construidas.

Acabamos de entrar en una nueva era en la que tengo la percepción optimista de que el problema de la claridad quedará resuelto definitivamente. Lo creo por la fortaleza del movimiento a favor de esa conquista y por el empeño de muchas instituciones en conseguirlo. Pero, también, porque por primera vez en la historia de las civilizaciones, tenemos el apoyo de una tecnología muy eficiente, la inteligencia artificial, que ayudará a identificación rápida de las reglas y a la interpretación de cualquier mensaje, tanto para que sea comprensible para todos como accesible para las personas que presenten cualquier clase de discapacidad.

4
LA CONSTITUCIONALIZACIÓN DE UN DERECHO A LA CLARIDAD. PRINCIPIOS, VALORES Y NORMAS

Proliferan en este tiempo en que concluye el primer cuarto del siglo XXI los escritos que tratan de explicar la emergencia de nuevos derechos, tan importantes en número que se aspira incluso a construir con ellos una nueva generación que se añadiría a las anteriores de los derechos civiles, políticos, económicos, sociales y culturales. De esta clase nueva son los neuroderechos, los derechos digitales, los relativos a la inteligencia artificial, al olvido, los medioambientales, al agua, etc. (Se verán los componentes de esta filosofía creadora en J. Grego y C Pereira Sáez, eds.,2024).

Buena parte de esos derechos nuevos, si no todos, han obtenido reconocimiento legal, si bien con carácter provisional y fragmentario, habida cuenta de que no conocemos completamente los problemas que su disfrute plantea ni las garantías que precisan. Pero la cuestión es cómo reconocerles rango constitucional y carácter de derechos fundamentales con fuerza para oponerse a todos los poderes del Estado.

En el plano teórico de la Filosofía del Derecho y del Derecho Constitucional, se suele ofrecer una primera solución al dilema distinguiendo entre las constituciones que mantienen declaraciones de derechos fundamentales abiertas y las que formulan una lista en régimen de *numerus clausus*. La Constitución de Estados Unidos de 1787, tal y como ha sido interpretada a lo largo de la historia, sería el ejemplo más clásico de lo primero. Cláusulas abiertas al reconocimiento de otros derechos fundamentales no relacionados expresamente han sido establecidas también en las constituciones más representativas del neoconstitucionalismo hispanoamericano que, además, han incorporado relaciones extensísimas de nuevos derechos. (Remito sobre ello al último capítulo de mi libro *De la democracia en Hispanoamérica,* Barcelona, Taurus, 2025)

La otra alternativa, la relación rígida o cerrada de derechos, se ha visto por los analistas en constituciones como la española de 1978, que contiene bastantes artículos dedicados a reconocerlos y no añade ninguna cláusula escoba de carácter residual. Pero lo cierto es que aun en estos casos es difícil argumentar que estas constituciones cerradas no admiten más derechos fundamentales que los expresamente referidos en el texto. Casi todas ellas están condicionadas por declaraciones internacionales y supranacionales que incorporan enunciados o imponen interpretaciones de obligatoria observancia. En otro lugar he escrito que estas constituciones cosmopolitas son multitextuales, en cuanto se integran con prescripciones externas aceptadas de acuerdo con la Constitución (S. Muñoz Machado, Barcelona, Crítica, 2020).

También es importante, en todos los Estados, la labor de la jurisprudencia constitucional que ha descubierto enunciados implícitos en preceptos concernientes a los derechos fundamentales. Esta tarea interpretativa ha permitido declarar derechos no expresamente enunciados, que no estaban a la vista, aunque que no son nuevos en sentido estricto porque están vinculados a otros directamente reconocidos.

No es asimilable a estas declaraciones de la jurisprudencia constitucional la regulación de nuevos derechos por la legislación ordinaria. Cualquier regulación establecida en una ley ordinaria puede ser desconocida por otra ley posterior. El legislador no está limitado por las regulaciones establecidas en leyes anteriores, sino que puede cambiarlas. Esta clase de derechos no son propiamente constitucionales o fundamentales, sino legales, y están, en consecuencia, a disposición de la ley posterior.

No obstante, respecto de los cambios que acuerde el legislador hay que tener en cuenta que si están declarados también en normas supranacionales (como es frecuente) pueden tener un grado superior de fijeza que evite la regresividad de sus contenidos impuesto por la legislación. Algunas Cortes internacionales, como la Corte Interamericana de Derechos Humanos aplica el artículo 26 de la Convención Americana correspondiente exigiendo que las legislaciones nacionales respeten los principios de progresividad y no regresividad de los derechos sociales. Por tanto, las leyes, aunque se trate de derechos reconocidos por el legislador ordinario, pueden estar vinculadas a no retroceder en cuanto a los niveles de prestación alcanzados.

En el marco del ordenamiento de la Unión Europea, la disponibilidad del legislador estatal es aún menor: no puede variar el contenido de un derecho cuando este ha sido reconocido por cualquier norma de la Unión. La europea tiene carácter prevalente sobre cualquier disposición del Estado, incluida la propia Constitución.

Estos principios de relación entre el ordenamiento europeo y los estatales postulan no minusvalorar la importancia de las declaraciones contenidas en textos legales sin valor constitucional en los casos en que incorporan al derecho interno regulaciones europeas.

Hechas las anteriores aclaraciones, puede establecerse la conclusión de que el lenguaje claro no figura reconocido como un derecho ni en la Constitución ni, con carácter general (se verá luego que con carácter especial aparece en algunas normas), en la normativa internacional y europea. Lo que no empece a que podamos indagar acerca de si puede entenderse comprendido en otros derechos.

Hay que anteponer al análisis de preceptos constitucionales concretos un criterio clásico y esencial de interpretación, que es el que proscribe las interpretaciones que llevan al absurdo. La relevancia constitucional de un derecho de los ciudadanos a comprender las decisiones de los poderes públicos que les afectan resulta de modo evidente de que sin él quedaría imposibilitado el disfrute de muchos de los derechos que la Constitución reconoce: desde la participación política al derecho al proceso.

De un modo específico, son relevantes, en punto a considerar el reconocimiento constitucional del derecho al lenguaje claro de los poderes públicos, los siguientes principios y preceptos constitucionales:

- El valor democracia, al que se acoge la Constitución desde el primer artículo, implica, como condición primaria, la libre disposición de la información procedente de los poderes públicos, en términos claros y accesibles.
- En este sentido hay que entender las obligaciones de los poderes públicos de «remover los obstáculos que impidan o dificulten su plenitud y facilitar la participación de todos los ciudadanos en la vida política, económica, cultural y social» (artículo 9.2).

- La información clara es necesaria para la correcta participación en las instituciones de la democracia representativa, pero es más fuerte cuando se convoca a los ciudadanos en régimen de participación directa, utilizando algunas de las instituciones, consultas y referéndums que lo permiten.
- La igualdad obliga a los poderes públicos a emplear un lenguaje inteligible por los ciudadanos, que no se corresponda con el que convenga al poder o a minorías coyunturales. La perspectiva de la igualdad relacionada con el lenguaje claro ha sido desarrollada con agudeza por D. Valadés (Valadés, 2024)
- El respeto a los derechos de las personas con discapacidad obliga a adaptar el leguaje a su capacidad cognitiva. Negar este derecho implica la negación de los demás derechos constitucionales.
- La libertad de comunicación, consagrada en el artículo 20 CE, no puede concebirse como un derecho exclusivo a expresar ideas y opiniones, sino también como un deber de hacerlo con arreglo a la verdad y al derecho de los demás a estar informados.
- Algunos conceptos que emplea reiteradamente la Constitución no pueden interpretarse sin tomar como referencia la exigencia de claridad: «ordenamiento jurídico», no puede entenderse como

una simple referencia al conjunto del derecho vigente, sino a su disposición ordenada y accesible. «Ley» en sentido constitucional, no es cualquier norma de ese rango, sino la que cumple requisitos de precisión y claridad, como enseguida explicaré. «Legalidad» es un concepto constitucional que no solo impone la preeminencia de la ley sino que exige que esta describa con precisión los supuestos de hecho que sanciona o las potestades con que habilita a los poderes públicos competentes.

– La predecibilidad y certeza del Derecho depende, en gran medida, de que las leyes sean claras y estén coherentemente establecidas en un sistema racionalmente formado, pero en no menor grado resultará imprescindible que los ciudadanos puedan predeterminar en qué sentido se pronunciarán los tribunales, cuando les planteen la solución de alguna controversia.

– El principio de seguridad jurídica es uno de los que tienen asiento en la Constitución española (artículo 9.3). La jurisprudencia de todos los órdenes y niveles ha extraído muy diversas consecuencias de este principio. Las más elementales son las concernientes a la certeza del derecho y la predecibilidad de las consecuencias de los comportamientos que los ciudadanos adopten. En conexión con ellas, el acceso a las reglas y la inteligibilidad de sus mandatos.

– En fin, todas las exigencias que aplicaremos en los apartados siguientes a la claridad de la ley, la Justicia y la Administración, tienen un fundamento constitucional concreto, como ahora se probará.

5
EL DERECHO A LA CLARIDAD DE LA LEY

Cumplimiento e impugnación de las leyes oscuras

La codificación zanjó el problema de la claridad de la legislación de un modo contundente convirtiendo en regla de derecho positivo el aforismo «la ignorancia de la ley no excusa de su cumplimiento», que pasó a formar parte de los títulos preliminares de los códigos civiles. El legislador se conformó con organizar sistemáticamente la normativa vigente en determinadas ramas del Derecho (civil, mercantil, penal). Pero hasta aquí llegaron las explicaciones. Las hizo innecesarias al salvaguardar la eficacia de todas las normas vigentes con apoyo en la regla de que nadie puede invocar ignorancia para excusar su observancia.

Realmente esta regla no puede ponerse en cuestión y sigue siendo imprescindible en todos los ordenamientos actuales. No es posible aceptar infracciones de las disposiciones penales o las tributarias aduciendo desconocimiento. Sería imposible hacer funcionar una sociedad tan relajada y conseguir en ella el respeto de los derechos.

A algunos juristas les causó estupor, en el mismo siglo XIX, que los Códigos Civiles mantuvieran la máxima de que la ignorancia de las leyes no excusa su cumplimiento. Escribiendo sobre este problema, Joaquín Costa afirmó que el establecimiento de una presunción *iuris* et *de iure* de conocimiento de todo el Derecho «constituye un verdadero escarnio y la más grande tiranía que se haya ejercicio jamás en la historia». La máxima procede del proyecto de Código de 1851, redactado por García Goyena, que, según él mismo explicó, seguía en esto lo establecido en el artículo 7 del Código de la Luisiana y el artículo 2 del Código austríaco, por contraste con otros Códigos Civiles, como el francés, que nada decían sobre tal extremo (probablemente por estar resuelto el problema por el artículo 1 del mismo Código, como explicó Marcel Planiol, pues, una vez que ha sido impuesta por la autoridad pública, la ley es aplicable incluso a los que no la conocen, que son los más numerosos). Federico de Castro analizó si el origen de la regla incorporada al artículo 2 de la versión original del Código Civil (hoy artículo 6) arrancaba de los textos de derecho romano. El error de hecho era en ellos excusable, porque aún el hombre más diligente puede incurrir en él. Sin embargo, el error de Derecho se consideraba inexcusable, porque considerando la omnipresencia de los juristas en la sociedad romana y el hábito de consultarles, nadie podía decir, salvo que actuara con un absoluto descuido, que desconocía el Derecho. La máxima que analizamos estuvo vinculada, por tanto, a la inexcusabilidad o no del error.

No comparto la afirmación de Luis María Díez-Picazo de que no hay ninguna norma constitucional que imponga el deber de legislar de un modo ordenado y coherente. Creo, por el contrario, que el concepto de ordenamiento jurídico, el principio de jerarquía, ambos en la Constitución, las relaciones internormativas, la aplicación de los principios de prevalencia y supletoriedad y, en general, de sucesión de normas en el tiempo, obligan al legislador a conformar el ordenamiento de un modo manejable y coherente.

Un solo ejemplo importante: el Tribunal de Justicia de la Unión Europea tiene establecida en su jurisprudencia la regla de que los Estados miembros no solo tienen obligación de inaplicar las normas internas contrarias a las comunitarias, sino que el derecho europeo les impone el deber de derogarlas, de hacerlas desaparecer y expulsarlas del ordenamiento para que no se produzca ninguna duda aplicativa. Sobre la exigencia de claridad y precisión de las medidas de transposición de las Directivas, véanse, entre otras, las sentencias de 20 de octubre de 2005, Comisión/Reino Unido (C-6/04, Rec. p. I-9017), apartado 21; de 10 de mayo de 2007, Comisión/Austria (C-508/04, Rec. p. I-3787), apartado 73, y de 3 de marzo de 2011, Comisión/Irlanda (C-50/09, Rec. p. I-0000), apartado 46].

En la actualidad el principio del obligado cumplimiento de las normas no ha sufrido revisiones de totalidad, pero sí matizaciones importantes. Los ciudadanos tienen que cumplir todas las normas vigentes que les afectan, pero ello no impide que puedan examinar si incurren en causas de invalidez y solicitar de los tribunales competentes que suspendan su eficacia o a las anulen. Estos derechos no existían cuando el Código Civil fue aprobado y se reconocieron muchos decenios después. Dependiendo de las normas de que se trate, las reclamaciones corresponderán a un orden jurisdiccional distinto y obligarán a seguir procedimientos determinados en cuya explicación no es posible detenerse en este escrito.

Lo que sí interesa destacar es que una de las importantes objeciones que, en los ordenamientos jurídicos actuales, pueden oponerse a la aplicación de las normas concierne a su oscuridad.

Expongo algunos ejemplos:

1. Las reservas constitucionales en favor de la ley exigen que ley describa exactamente el supuesto de hecho y defina la acción prohibida, de modo que sea posible a los destinatarios de la norma programar su conducta y saber anticipadamente

las consecuencias del incumplimiento (por ejemplo, SSTC 133/1987, 196/1991 y 25/2002).

2. El Tribunal Europeo de Derechos Humanos ha interpretado el artículo 7 del Convenio de 1950 en el sentido de que una norma sancionadora no puede considerarse «ley» a menos que esté redactada con suficiente precisión (Sentencias Müller y otros v. Suiza, de 24 de mayo de 1988; Kokkinakis v. Grecia, de 25 de mayo de 1993; G. v. Francia, de 27 de septiembre de 1995; Larissis y otros v. Grecia, de 24 de febrero de 1998, etc.).

3. En el mismo sentido, la sentencia del TEDH de 21 de octubre de 2013 (caso Del Río Prada c. España), argumentó lo que sigue: «El artículo 7 del Convenio no se limita a prohibir la aplicación retroactiva del Derecho penal en perjuicio de un acusado…». También incorpora, de manera más general, el principio de que solo la ley puede definir un delito y prescribir una pena (*nullum crimen, nulla poena sine lege*) (véase Kokkinakis v. Grecia, 25 de mayo de 1993, apartado 52, serie A n.º 260-A). Al tiempo que prohíbe, en particular, ampliar el alcance de los delitos existentes a actos que antes no constituían delitos, también establece el principio de que el Derecho penal no debe interpretarse por extensión en detrimento de un acusado, por ejemplo, por analogía (véase Coëme y otros v. Bélgica,

n.º 32492/96, 32547/96, 32548/96, 33209/96 y 33210/96, apartado 145, TEDH 2000 –VII; como ejemplo de la aplicación de una pena por analogía, véase Baskaya y Okçuoglu v. Turquía [GS], n.º 23536/94 y 24408/94, apartados 42 a 43, ECHR 1999 -IV)…

… De ello se desprende que los delitos y las penas correspondientes deben estar claramente definidas por la ley. Este requisito se cumple cuando el justiciable puede saber, a partir de la redacción de la disposición pertinente, y si es necesario con la ayuda de la interpretación de los tribunales y tras haber solicitado asesoramiento letrado adecuado, qué acciones y omisiones le acarrean responsabilidad penal y a qué pena se enfrenta por ese motivo (véase Cantoni v. Francia, 15 de noviembre de 1996, apartado 29, Repertorio de sentencias y resoluciones 1996 -V, y Kafkaris, antes citado, apartado 140).

4. La STC 146/2015, de 25 de junio, FJ 2, recuerda que estos principios «comportan el mandato de taxatividad o de certeza que se traduce en la exigencia de predeterminación normativa de las conductas y de sus correspondientes sanciones (*lex certa*), en virtud del cual el legislador debe promulgar normas concretas, precisas, claras e inteligibles, para que los ciudadanos puedan conocer de antemano el ámbito de lo proscrito y

prever, así, las consecuencias de sus acciones». Recoge estas ideas la jurisprudencia del Tribunal Supremo, entre otras, en su STS 22 de febrero de 2024 (recurso 5528/2022).

5. Una ley, por tanto, que no cumpla con el requisito de la precisión puede ser considerada inconstitucional. La doctrina de la «*void for vagueness*» también se maneja habitualmente por el Tribunal Supremo norteamericano. Resulta de ella que las leyes deben estar formuladas de tal manera que «hombres de inteligencia común deben necesariamente aventurar cuál es el significado y discrepar acerca de su aplicación» (Sentencia Connall v. General Cons. Co, de 1926).

6. La misma precisión viene reclamada por la moderna doctrina y la jurisprudencia a los efectos de delimitar la discrecionalidad administrativa. El legislador no tiene libertad absoluta ni para atribuir potestades discrecionales a la Administración en cualquier materia, ni para decidir qué contenido de poder habilita a favor de la misma. Esto es claro cuando, por ejemplo, se trata de materias reservadas a la ley: la norma legal atributiva de poderes discrecionales a la Administración solo será constitucionalmente legítima cuando contenga las determinaciones esenciales, principales o básicas, que van a presidir dicha intervención administrativa. Cuando las leyes con-

tienen regulaciones restrictivas de los derechos y libertades, es exigible que tengan la suficiente densidad normativa como para que sus aplicaciones administrativas sean previsibles y no permitan un ejercicio de las potestades atribuidas de un modo no igualitario o injusto. El Tribunal Constitucional ha aplicado tanto a la regulación de las sanciones administrativas como a las penales el mismo mandato de determinación.

Se trata, en estos casos, de procurar que los ciudadanos puedan programar sus comportamientos sin temor a sanciones por conductas cuya tipificación no está clara y depende de actos aplicativos singulares de la Administración (SSTC 133/1987, 101/1988, 93/1992, 120/1996). Aunque el mandato de determinación parte de aceptar que las normas son necesariamente abstractas y que el lenguaje legal es habitualmente vago y versátil, el Tribunal Constitucional español estima que la indeterminación de los conceptos no puede producir el efecto de que su aplicación dependa de decisiones libremente adoptadas por la Administración. En materia tributaria, por ejemplo, las SSTC 185/1995 y 233/1999 han repetido la doctrina de que «en estos casos la ley debe establecer los criterios o límites que sean idóneos para impedir que la actuación discrecional de la Administración en la apreciación de los factores técnicos se transforme en actuación libre o no sometida a límite».

7. El Tribunal Europeo de Derechos Humanos ha extraído muchas consecuencias respecto de la claridad y coherencia de las normas al interpretar, por ejemplo, la expresión «prevista en la ley» que utiliza en el apartado 2 del artículo 8 del Convenio. Ha dicho el Tribunal al respecto (Sentencias Silver, de 25 de marzo de 1983; Marlone v. Reino Unido, de 2 de agosto de 1984; Olsson v. Suecia, de 24 de marzo de 1988; Gillow, de 24 de noviembre de 1986; Rotaro v. Rumanía, de 4 de mayo de 2000, etc.) que el principio indicado exige «que la ley sea accesible; el ciudadano debe poder disponer de suficiente información, según las circunstancias, sobre las normas jurídicas aplicables a determinado caso. Por otro lado, solo se puede considerar ley la norma que se exprese con la suficiente precisión para permitir al ciudadano que ajuste su conducta, y que pueda, en su caso con los adecuados asesoramientos, prever razonablemente, según sean las circunstancias, las consecuencias que pueda ocasionar una acción determinada». En otro orden de consideraciones, el Tribunal ha deducido de la expresión «prevista en la ley», ya citada, consecuencias importantes respecto de la «calidad de la ley». También sobre los límites de la atribución

de facultades discrecionales a la Administración, que no pueden mermar la exigencia de previsibilidad de sus decisiones, etc.

8. Una última consideración es necesaria antes de concluir: el problema de la claridad y coherencia del sistema jurídico, de su accesibilidad y cognoscibilidad, ha dejado de ser exclusivamente imputable al legislador. La utilización por este de conceptos vagos y generales es, como ya se ha indicado, inevitable algunas veces. Por otra parte, la constitucionalización de la legalidad ha traído, entre otras consecuencias, que todo el sistema normativo infraconstitucional tenga que ser interpretado conforme a la Constitución, teniéndose que utilizar a tal efecto los principios y valores que ella misma proclama. Lo que significa que, en los sistemas jurídicos actuales, la jurisprudencia cumple un papel decisivo para la concreción y fijación de las reglas de Derecho, o también, para su establecimiento o positivación.

Especiales problemas plantea el acceso a la información jurídica de las personas con discapacidad. Un hito definitivo en la globalización de las medidas de reconocimiento de los derechos de los discapacitados fue la Convención Internacional sobre los Derechos de las Personas con Discapacidad, aprobada el 13 de diciembre de 2006 por la Asamblea Nacional de las Naciones Unidas (ONU), ratificada por España el 3 de mayo de 2008.

Consagró definitivamente la atención a la discapacidad desde la perspectiva de los derechos, considerando a las personas afectadas como sujetos titulares de derechos, e imponiendo a los poderes públicos las obligaciones consiguientes para garantizar su ejercicio. La definición de accesibilidad universal ha sido reformada por la pionera Ley 6/2022, de 31 de marzo, que incorpora los conceptos de «accesibilidad cognitiva» y lenguaje fácil.

La buena regulación clara y ordenada

En el ámbito internacional y europeo las medidas concernientes a la claridad del lenguaje de las normas tienen precedentes que hay que situar en el Consejo de Edimburgo, que adoptó la resolución de 8 de junio de 1993 relativa a la calidad de la redacción de la legislación comunitaria. Pocos años después, como consecuencia de la Declaración 39 del Tratado de Ámsterdam, se adoptó el acuerdo institucional de 22 de diciembre de 1998 sobre directrices comunes relativas a la calidad de la redacción de la legislación comunitaria, que fueron desarrolladas en el año 2003 en la *Guía práctica común dirigida a las personas que contribuyen a la redacción de los textos legislativos en el seno de las instituciones comunitarias.*

El Consejo de Lisboa impulsó la simplificación de la regulación. A este plan respondió el *Libro blanco sobre la gobernanza europea* de 25 de julio de 2001, que atacaba la creciente complejidad y prolijidad de la legislación, reclamando un programa de simplificación y reducción. Apelaba al uso de instrumentos como la codificación, la supresión de normas, su presentación y consulta más fácil, la revisión continuada, etc.

El 13 de noviembre de 2001 se publicó el Informe Mandelkern, que puede considerarse el punto de partida de la política europea de *best regulation* o *smart regulation*. El Consejo Europeo de Laeken adoptó las políticas favorables a la calidad. Entre 2002 y 2005 la Comisión Europea publicó diferentes comunicaciones relativas a la mejora de la calidad estableciendo la obligación de llevar a cabo una evaluación del impacto de la nueva normativa. Desde el año 2005 unas hojas de ruta sustituyen el acta de evaluación preliminar que preveía la Comunicación de 2002. Y desde la Comunicación de 14 de noviembre de 2006 se elabora un informe anual en el marco del programa «Legislar mejor».

Son también documentos de referencia la Comunicación de 2010 sobre la normativa inteligente, y las Conclusiones del Consejo sobre una normativa inteligente de 30 de mayo de 2011; el programa de la adecuación y eficacia de la regulación de 2012; y, en fin, los informes concernientes a la *better regulation* y programas desarrollados a partir de la Comunicación de 19 de mayo de 2015.

En España los principios de buena regulación han sido recogidos en el artículo 129 de la ley 39/2015, cuyo tenor literal reproduzco:

> Artículo 129. Principios de buena regulación.
>
> 1. En el ejercicio de la iniciativa legislativa y la potestad reglamentaria, las Administraciones Públicas actuarán de acuerdo con los principios de necesidad, eficacia, proporcionalidad, seguridad jurídica, transparencia y eficiencia. En la exposición de motivos o en el preámbulo, según se trate, respectivamente, de anteproyectos de ley o de proyectos de reglamento, quedará suficientemente justificada su adecuación a dichos principios.
>
> 2. En virtud de los principios de necesidad y eficacia, la iniciativa normativa debe estar justificada por una razón de interés general, basarse en una identificación clara de los fines perseguidos y ser el instrumento más adecuado para garantizar su consecución.
>
> 3. En virtud del principio de proporcionalidad, la iniciativa que se proponga deberá contener la regulación imprescindible para atender la necesidad a cubrir con la norma, tras constatar que no existen otras medidas menos restrictivas de derechos, o que impongan menos obligaciones a los destinatarios.
>
> 4. A fin de garantizar el principio de seguridad jurídica, la iniciativa normativa se ejercerá de manera coherente con el resto del ordenamiento jurídico, nacional y de la Unión Europea, para generar un marco normativo estable, predecible, integrado, claro y de certidumbre, que facilite su conocimiento y comprensión y, en consecuen-

cia, la actuación y toma de decisiones de las personas y empresas.

Cuando en materia de procedimiento administrativo la iniciativa normativa establezca trámites adicionales o distintos a los contemplados en esta Ley, estos deberán ser justificados atendiendo a la singularidad de la materia o a los fines perseguidos por la propuesta.

Las habilitaciones para el desarrollo reglamentario de una ley serán conferidas, con carácter general, al Gobierno. La atribución directa a los titulares de los departamentos ministeriales, o a otros órganos dependientes o subordinados de ellos, tendrá carácter excepcional y deberá justificarse en la ley habilitante.

Las leyes podrán habilitar directamente a Autoridades Independientes u otros organismos que tengan atribuida esta potestad para aprobar normas en desarrollo o aplicación de las mismas, cuando la naturaleza de la materia así lo exija.

5. En aplicación del principio de transparencia, las Administraciones Públicas posibilitarán el acceso sencillo, universal y actualizado a la normativa en vigor y los documentos propios de su proceso de elaboración, en los términos establecidos en el artículo 7 de la Ley 19/2013, de 9 de diciembre, de transparencia, acceso a la información pública y buen gobierno; definirán claramente los objetivos de las iniciativas normativas y su justificación en el preámbulo o exposición de motivos; y posibilitarán que los potenciales destinatarios tengan una participación activa en la elaboración de las normas.

6. En aplicación del principio de eficiencia, la iniciativa normativa debe evitar cargas administrativas innecesarias o accesorias y racionalizar, en su aplicación, la gestión de los recursos públicos.

7. Cuando la iniciativa normativa afecte a los gastos o ingresos públicos presentes o futuros, se deberán cuantificar y valorar sus repercusiones y efectos, y supeditarse al cumplimiento de los principios de estabilidad presupuestaria y sostenibilidad financiera.

El artículo transcrito de la Ley 39/2015 contiene un resumen bastante completo de la teoría de las normas que puede encontrarse en cualquier tratado o manual de Derecho Administrativo. Sin ir más allá de los aspectos que interesan a la cuestión que estoy estudiando, bastará con retener algunos de sus enunciados: está proscrito el abuso de la legislación, usar las leyes y reglamentos sin necesidad o con contenidos prolijos; deben limitarse a establecer prescripciones concernientes a las cuestiones que motivan la iniciativa legislativa. Una doctrina de contenido similar puede encontrarse en los filósofos ilustrados a que he hecho referencia en un apartado anterior.

La transparencia y la eficiencia imponen que el autor de las normas explique con claridad sus fundamentos y fines.

Las leyes deben cumplir la función regulatoria que tienen asignada por la Constitución y no pueden hacer dejación de ella para delegarla en normas dictadas por la Administración, aunque sea a título de desarrollo o complemento. Lo esencial debe estar en la ley. No puede encomendarse la colaboración mediante normas de valor reglamentario a cualquier órgano de la Administración, sino solo al gobierno de modo ordinario y, excepcionalmente, a ministros o autoridades inferiores, o, con limitaciones por razón de la especialización de sus competencias, a autoridades o administraciones independientes.

La seguridad jurídica impone una formación racional y fácilmente comprensible de la estructura del ordenamiento jurídico, que debe presentarse de modo que integre sistemáticamente toda la producción normativa de las instancias europeas y nacionales competentes. Ha de ser fácil la consulta de las normas vigentes mediante repositorios accesibles, que contengan normas estables, que ofrezcan certeza y permitan la predecibilidad de la acción de sus aplicadores y la adecuación de la conducta de los ciudadanos a sus mandatos.

La claridad de la redacción, entendida como inteligibilidad de lo que la norma establece (pero también como racional ordenación de toda la normativa vigente), es la primera de las exigencias de la buena regulación.

Me parece necesario añadir que los preceptos sobre buena regulación transcritos, aunque establecidos en una norma con rango de ley, traducen y desarrollan principios que, como hemos visto antes, están en la Constitución y en el Derecho de la Unión Europea. Las infracciones a sus mandatos permiten activar todas las garantías existentes en los tres indicados órdenes jurídicos y postular la intervención de los tribunales en cada caso competentes.

6
EL DERECHO A LA JUSTICIA COMPRENSIBLE

El poder terrible

Lo que va expuesto hasta aquí es suficiente para poder establecer con seguridad que el problema de la oscuridad no es exclusivo de la Justicia. Son muy importantes los problemas de inteligibilidad de la legislación y, como se verá más adelante, no son menores los de la Administración Pública. Pero las críticas más severas se han dirigido desde siempre, de modo principal, hacia la Justicia y su entorno (abogados, leguleyos, querulantes y auxiliares de toda clase).

La razón de ser de que las censuras y vituperaciones tengan como destinatario preferente al universo de la Justicia está, creo, relacionado con el hecho de que es este el poder más cercano a los problemas concretos que afectan a los ciudadanos. No de modo continuo ni a todos ellos, pero es la Justicia la que decide sobre pleitos en los que están en juego intereses patrimoniales concretos, litigios sobre propiedad, herencias o relativos a la interpretación de los contratos. En cualquiera de ellos, se obtiene la condena o el favor y la sentencia puede tener graves repercusiones para la vida actual y futura de los litigantes. No digamos cuando se trata de un juicio penal, en el que se pone en juego la libertad del encausado. La Justicia aparece entonces como el más terrible de los poderes para los ciudadanos, como observó en su tiempo Montesquieu y no tuvo inconveniente en asegurar Napoleón respecto del juez de instrucción francés. Ninguno de los demás poderes del Estado puede decidir algo tan trascendental como privar a un ciudadano de su libertad.

Son estas circunstancias, actuales o atávicas, las que han contribuido a poner a la Justicia en solfa en primer lugar. En este caso, no se ha tratado tan solo de imputarle oscuridad, sino además comportamientos torvos y airados cuando descarga su furia; intenciones aviesas y mal inclinadas cuando se demora o se equivoca. También corrupción y desfachatez en el ejercicio habitual de las funciones, aunque esta sea casi siempre una acusación consoladora utilizada por los perdedores en las contiendas procesales.

Naturalmente hay jueces y magistrados corruptos. Más o menos cantidad según las épocas y los países. Proyectan una pésima imagen sobre la Justicia por metonimia. Hay jueces enfermos de vanidad y deseos de notoriedad, que actúan pensando en el medro y su particular fama: son formas de corrupción graves pero que la sociedad tolera más en cuanto que sus arbitrariedades suelen resultar gratas a algún grupo de interés.

La oscuridad encubre a veces esta clase de vicios. Pero la fijación tradicional en la Justicia como poder arbitrario e insondable se debe, en gran medida, a las razones que acabo de exponer.

La imputación ha trascendido tanto que han sido los propios organismos judiciales o las organizaciones de la magistratura los primeros en preocuparse de programar acciones capaces de mejorar la situación.

La Cumbre Judicial Iberoamericana lo ha hecho de un modo muy meritorio. Desde 2014 incluyó en sus programas de acción la política de lenguaje claro, a la que ha dedicado espacio en sucesivas Cumbres, consiguiendo una fuerte concienciación del sector en todo el espacio iberoamericano. Uno de los resultados de estas acciones fue el acuerdo celebrado con la Real Academia Española para desarrollar un *Diccionario panhispánico del español jurídico.* Se presentó una edición impresa en 2017 y hay ediciones sucesivas en línea, que están prestando un servicio extraordinario para estandarizar la significación de las palabras del Derecho. La obra ha sido elogiada y estimulada por sucesivas Cumbres de los Ministros de Justicia y Cumbres de Jefes de Estado y de Gobierno. Actualmente se progresa en la información que contiene esta magna obra, en la que han participado más de cuatrocientos juristas de los dos lados del Atlántico.

También han sido tempranas, en relación con la Justicia, las iniciativas de los legisladores y los gobiernos.

En España constituyó un avance la aprobación por el Congreso de los Diputados, en 2002, de la Carta de Derechos de los Ciudadanos ante la Justicia, que reconoció explícitamente el derecho a comprender el lenguaje, tanto oral como escrito, empleado por los órganos judiciales. Concreta el derecho «a que las notificaciones, citaciones, emplazamientos y requerimientos contengan términos sencillos y comprensibles» o que «las sentencias y demás resoluciones judiciales se redacten de tal forma que sean comprensibles para el ciudadano, empleando una sintaxis y estructura sencillas sin perjuicio de su rigor técnico».

Poco tiempo después, en 2005, se aprobó un Plan de Transparencia Judicial por el Consejo de Ministros. Más tarde, en 2011, se incluyó este concepto en el Informe de la Comisión de Modernización del Discurso Jurídico.

Claridad en las comunicaciones procesales e inteligibilidad de las resoluciones judiciales

Varios preceptos constitucionales reconocen derechos de los ciudadanos en relación con la Justicia que involucran la exigencia de que las comunicaciones de esta sean predecibles y claras. Las recuerdo:

- El primero de los derechos que la Constitución de 1978 consagra es el de obtener una tutela judicial efectiva de los jueces y tribunales, sin que, en ningún caso, pueda producirse indefensión (artículo 24. 1), al que sigue el derecho a la defensa y a la asistencia de letrado, a ser informados de la acusación, a no declarar contra sí mismos, a no confesarse culpables, a la presunción de inocencia (párrafo 2 del mismo artículo).
- Los delitos y las penas tienen que estar fijados, con anterioridad a los hechos que se enjuician, «en la legislación vigente», locución esta que, como ya se ha explicado, reclama certeza y claridad en la formulación (artículo 25.1).
- El ejercicio de la potestad jurisdiccional en todo tipo de procesos corresponde exclusivamente a los juzgados y tribunales «determinados por las leyes», según las normas de competencia y procedimiento que las mismas establezcan (artículo 117.3).
- Las actuaciones judiciales serán públicas, con las excepciones que prevean las leyes de procedimiento. El procedimiento será predominantemente oral, sobre todo en materia criminal. Las sentencias serán siempre motivadas y se pronunciarán en audiencia pública (artículo 120).

Todas estas declaraciones delimitan derechos individuales que, para realizarse, precisan el cumplimiento por los poderes públicos competentes de determinadas obligaciones: la elaboración de regulaciones que impliquen o afecten a derechos de los ciudadanos, más aún si pueden constreñir su libertad, ha de desarrollarse en términos de transparencia y buena regulación (en el sentido antes expuesto); las que se apliquen a casos concretos tienen que haberse aprobado antes de que los hechos que se trata de enjuiciar se hayan producido; no puede sorprenderse a los ciudadanos con cambios continuos o súbitos e inesperados de normas; las regulaciones deben de ser estables. Sus mandatos tienen que ser claros, comprensibles, ciertos.

La legislación ordinaria ha avanzado francamente en el reconocimiento del derecho de los ciudadanos a relacionarse con la Justicia en términos comprensibles para ellos, como puede verse en los ejemplos que se refieren a continuación:

Un reconocimiento explícito del «derecho a entender y ser entendido» se ha establecido en el artículo 4 de la Ley 4/2015, de 27 de abril, del Estatuto de la Víctima del Delito:

> Artículo 4. Derecho a entender y ser entendida.
>
> Toda víctima tiene el derecho a entender y ser entendida en cualquier actuación que deba llevarse a cabo desde la interposición de una denuncia y durante el proceso penal, incluida la información previa a la interposición de una denuncia.
>
> A tal fin:

> a) Todas las comunicaciones con las víctimas, orales o escritas, se harán en un lenguaje claro, sencillo y accesible, de un modo que tenga en cuenta sus características personales y, especialmente, las necesidades de las personas con discapacidad sensorial, intelectual o mental o su minoría de edad. Si la víctima fuera menor o tuviera la capacidad judicialmente modificada, las comunicaciones se harán a su representante o a la persona que le asista.
>
> b) Se facilitará a la víctima, desde su primer contacto con las autoridades o con las Oficinas de Asistencia a las Víctimas, la asistencia o apoyos necesarios para que pueda hacerse entender ante ellas, lo que incluirá la interpretación en las lenguas de signos reconocidas legalmente y los medios de apoyo a la comunicación oral de personas sordas, con discapacidad auditiva y sordociegas.
>
> c) La víctima podrá estar acompañada de una persona de su elección desde el primer contacto con las autoridades y funcionarios.

La Ley Orgánica 5/2024, de 11 de noviembre, del Derecho de Defensa, desarrolla el derecho fundamental recogido en el artículo 24 de la Constitución española, y recoge expresamente, en su artículo 9, el derecho a un lenguaje claro en los actos, resoluciones y comunicaciones procesales, del modo siguiente:

> Artículo 9. Derecho a un lenguaje claro en los actos, resoluciones y comunicaciones procesales.
>
> 1. Los actos y comunicaciones procesales se redactarán en lenguaje claro, de manera sencilla y accesible universal-

mente, de forma que permitan conocer a sus destinatarios el objeto y consecuencias del acto procesal comunicado.

2. Las resoluciones judiciales, las del Ministerio Fiscal y las dictadas por los letrados de la Administración de Justicia estarán redactadas en un lenguaje claro, de manera sencilla y comprensible, de forma que puedan ser comprendidas por su destinatario, teniendo en cuenta sus características personales y necesidades concretas, sin perjuicio de la necesidad de utilizar el lenguaje técnico-jurídico para garantizar la precisión y calidad de aquellas. En el caso de personas con discapacidad con dificultades de comprensión, para la adaptación de oficio de actos de comunicación y de resoluciones judiciales las Administraciones de Justicia correspondientes utilizarán los medios o metodologías que mejor se adapten a las necesidades de la persona.

3. El lenguaje se adaptará específicamente para menores de edad cuando sean los destinatarios de los actos, comunicaciones y resoluciones referidas en los dos apartados anteriores. Esta adaptación se realizará aunque los menores cuenten con asistencia letrada y con la representación de sus progenitores, tutores o defensores judiciales.

4. Las juezas, jueces, magistradas y magistrados velarán por la salvaguardia de este derecho, en particular en los interrogatorios y declaraciones.

Todas estas declaraciones de derechos individuales de las personas que participan en los juicios derivan directamente de las normas constitucionales más atrás recordadas. Repiten también prescripciones que están recogidas en las normas supranacionales como el Convenio Europeo de Derechos Humanos y Libertades Fundamentales de 1950, o la Carta Europea de Derechos Fundamentales de 2000. No debe olvidarse el valor constitucional y supranacional de estos derechos, además de su reconocimiento legal, que les otorgan un elevado nivel de protección ante diferentes instancias procesales (remito a mi estudio «Los tres niveles de garantías de los derechos fundamentales en la Unión Europea: problemas de articulación», CEPyC, *Revista de Derecho Comunitario Europeo,* n.º 50, enero-abril, 2015).

Claridad de la jurisprudencia

La Constitución ha elevado la posición de los jueces y tribunales encomendándoles una tarea aplicativa de las normas que, en cuanto que siempre ha de tener en cuenta los valores y principios constitucionales, es inevitablemente más creativa que cuando eran aplicadores mecánicos de la legalidad y su tarea consistía en la mera subsunción de los hechos controvertidos en la regulación establecida en las normas. Si los jueces no aplican proposiciones normativamente cerradas sino principios, se ven obligados a abandonar el indicado método de subsunción para sustituirlo por otro de ponderación de valores. En un ordenamiento integrado por fuentes múltiples, en el que la ley ha perdido, si no su condición de norma principal, sí su monopolio para definir el Derecho, es incuestionable que la jurisprudencia tiene que elevarse sobre esta situación asumiendo una tarea creativa mucho más amplia que en el pasado.

Se reconozca o no carácter creativo a la jurisprudencia, de lo que no cabe ninguna duda es de su importancia para fijar los contenidos del Derecho vigente, declararlos y facilitar su cumplimiento por los ciudadanos. Interesa menos a los ciudadanos, en ordenamientos tan complejos como los actuales, qué es lo que dicen las leyes que saber cuál es la respuesta que van a dar los tribunales a una determinada controversia cuando se les plantee. Y las respuestas previsibles se encontrarán más en la jurisprudencia que en la lectura abstracta de un texto legal.

La jurisprudencia cumple una función complementaria de la ley tan importante que el Tribunal Europeo de Derechos Humanos ha aceptado, en diferentes sentencias, que la obligación de precisión de la ley, exigida por el Convenio, cuando limite libertades fundamentales no tiene por qué referirse a la ley escrita, sino que basta con que exista jurisprudencia cierta y concreta sobre la materia, o que las determinaciones legales hayan sido suficientemente concretadas o precisadas por la jurisprudencia (sentencia *Sunday Times* de 26 de abril de 1979; *Kokkinakis v. Gracia* de 25 de mayo de 1993).

Dada la fundamental elevación de la jurisprudencia para el conocimiento del Derecho real vigente, resulta absolutamente imprescindible su ordenación a los meros efectos de que la legalidad que va a ser aplicada a cada conflicto sea cierta y predecible.

En los sistemas anglosajones, más basados en la creación jurisprudencial del Derecho que los continentales europeos, se estableció en el siglo XIX el sistema de precedentes (para Inglaterra se cita, como punto de partida, la sentencia de la House of Lords *Beamish v. Beamish* de 1861, aunque la consolidación tuvo lugar con la sentencia *London Tramways* de 1898). Las razones de la aplicación del sistema de precedentes no fue solamente estabilizar y dar certeza a las decisiones, sino facilitar a los tribunales inferiores el conocimiento de las decisiones de los tribunales superiores, a efectos de seguirlas, y también facilitar que los abogados pudieran conocer mejor el Derecho a efectos de asesorar a sus clientes con más seguridad.

Para que el sistema de precedentes funcione es necesario identificar la parte de las sentencias que puede servir para constituir un precedente: precedente se considera la *ratio decidendi* de la sentencia, y no los *obiter dicta* o cualquier otro razonamiento.

Identificado el precedente, tiene que aceptarse su cambio cuando se aprecie que se ha formado de un modo jurídicamente erróneo o cuando las circunstancias cambien.

A mi juicio, aunque no se haya implantado en España un sistema de precedentes como tal, la vinculación de los tribunales a sus propias decisiones y a las adoptadas en casos idénticos por los tribunales superiores tiene un respaldo constitucional inequívoco. Las sentencias del Tribunal Constitucional 111, 122 y 193/2001, y 74 y 133/2002, entre otras muchas, establecieron que los principios de seguridad jurídica y de interdicción de la arbitrariedad, que garantiza el art. 9.3 CE, imponen a los órganos judiciales que sus resoluciones no se aparten arbitrariamente de los precedentes propios.

Me interesaba destacar esta cuestión solo para concluir ahora que el cambio de contenido de la decisión es posible, pero tiene que hacerse en el marco de una argumentación razonada que permita deducir que el apartamiento del precedente responde a una interpretación abstracta y general de la norma aplicable, y no a una respuesta *ad personam*.

La STC 111/2002 estableció un test para determinar cuándo existe una desviación de lo establecido en resoluciones precedentes, desglosado en cinco fases: 1.ª determinar la existencia de una línea jurisprudencial arraigada y continuada en el tiempo; 2.ª mostrar que los mismos supuestos se han resuelto de forma contradictoria; 3.ª las sentencias que se invoquen como antecedente tienen que referirse a sujetos distintos del actor; 4.ª se ha de verificar que se trata de resoluciones dictadas por el mismo órgano judicial; y 5.ª el cambio de criterio tiene que carecer de un razonamiento motivado.

La vinculación de los tribunales inferiores a la jurisprudencia establecida por los superiores se fundamenta en los principios de predecibilidad y certeza del Derecho, de seguridad jurídica y de igualdad.

La sentencia del Tribunal Supremo de 20 de abril de 1990, en el ámbito contencioso-administrativo, mostró una interpretación correcta de esta vinculación: la «doctrina legal se constituye en un precedente judicial, según la terminología acuñada por el *case law,* que nos impone como consecuencia del principio de seguridad jurídica en relación con el de igualdad de todos ante la ley, consagrados en los artículos 9 y 14 de nuestra Constitución, para cuyo remedio, en caso de quebrantamiento, está prevista la revisión antes mencionada donde se permite y obliga a rescindir las sentencias que estén en contradicción con el criterio jurisprudencial dominante».

La Justicia garante de la claridad de todos los poderes

La encomienda y la obligación que recibe el poder judicial desde la Constitución y las normas supranacionales no consiste exclusivamente, como ocurre con los demás poderes del Estado, en acomodar sus comunicaciones y resoluciones a reglas de claridad, sino garantizar que los demás poderes del Estado también lo hacen.

En un sistema constitucional como el nuestro, el Tribunal Constitucional tiene atribuida, en exclusiva, la competencia para declarar la inconstitucionalidad de las leyes, pero no le corresponde también la vigilancia y el control en exclusiva sobre la adecuación de la ley a la Constitución; es decir, en lo que aquí nos concierne, comprobar la adecuación de las leyes a los principios y normas que imponen un lenguaje claro y comprensible para los ciudadanos. Esta función de verificación corresponde a cualquier juez o tribunal y le impone que, con ocasión de la aplicación de la ley a un caso concreto, puede examinar su constitucionalidad a efectos de plantear una cuestión de constitucionalidad ante el Tribunal Constitucional, si tiene dudas fundadas sobre su validez. El juez o tribunal que planteen la cuestión suspenderá la tramitación del proceso al que deba aplicar la norma hasta que el Tribunal Constitucional resuelva. Después, seguirá el proceso, que se resolverá consecuentemente con la declaración solicitada (artículo 163 CE).

En ambos casos puede haber un control de la claridad de la norma, aplicando algunas de las exigencias constitucionales que se han expuesto más atrás.

Si las normas que pretenden aplicarse a un litigio concreto resultaran contrarias al derecho de la Unión Europea, puede el juez o tribunal inaplicarlas directamente o plantear, si le caben dudas, ante el Tribunal de

Justicia de la UE una cuestión prejudicial concerniente a la validez o la interpretación de la norma. Naturalmente el parámetro de valoración en este caso es la normativa comunitaria, en la que queda plenamente incluida la Carta de Derechos Fundamentales de 2000, que incluye prescripciones sobre claridad equivalentes a la establecidas en la Constitución.

Al margen de esta posibilidad, cabe llevar estas cuestiones de claridad ante el Tribunal de Justicia de la UE siguiendo otros procedimientos previstos en los tratados, entre las cuales las acciones de nulidad, las de incumplimiento y las de responsabilidad patrimonial.

No hace falta agotar los recursos y acciones previstos en el ordenamiento jurídico del Estado para acudir a la justicia comunitaria, pero sí es necesario ese agotamiento para acceder al Tribunal de Justicia que tiene confiada la garantía de los derechos y libertades consagrados en el Convenio europeo de 1950.

Realmente, los tres órdenes jurisdiccionales, interno, de la Unión y del Convenio de 1950 podrían usarse sucesivamente solicitando la protección de cualquier derecho consagrado en la Constitución y las normas supranacionales indicadas. Las instancias europeas se pueden desactivar cuando ofrezcan un nivel equivalente de protección.

El juez ordinario es no solo juez del derecho interno, sino que también actúa como una pieza esencial para la debida aplicación del derecho europeo porque tiene el deber de aplicar o inaplicar las normas que se le opongan y, en su caso, actuar ante el Tribunal europeo. Esta posición plurivalente del juez ordinario sirve para articular los ordenamientos estatal y supranacional que, en principio, siguen una dinámica completamente separada en lo relativo a su creación, modificación y derogación.

Al margen de todas estas vías para bloquear o anular normas o resoluciones ininteligibles, los jueces y tribunales de lo contencioso administrativo tienen competencia propia para suspender y anular las normas de valor inferior a la ley en el marco de los procedimientos establecidos en la Ley de la Jurisdicción Contencioso Administrativa de 13 de julio de 1998.

Se sigue de lo expuesto que la contribución de los jueces a la claridad no se resume en el deber de atenderla en sus actuaciones, sino que les corresponde también vigilar el respeto a los principios y reglas en que se sustancia ese deber en relación con los demás poderes del Estado.

La posición de los jueces y tribunales en un ordenamiento constitucionalizado, es decir, regido por los principios y normas de la Constitución, adquiere una preeminencia extraordinaria porque queda a su cargo no solo la aplicación de las leyes, sino también asegurar la vigencia efectiva y plena de la Constitución y del Derecho europeo.

La Justicia clara y la profesión elocuente

Dada la posición de la Justicia en los sistemas constitucionales contemporáneos, está poco justificado mantener sobre ella el baldón que le asignaron los críticos del Renacimiento y la Ilustración y que se ha arrastrado hasta hoy. De todos los poderes del Estado quizás sea la Justicia la que ha mostrado mayor preocupación por librarse de la imputación de oscuridad. Pero con independencia de las reformas emprendidas, la Justicia no es hoy, en los sistemas constitucionales democráticos, el poder que se presenta ante los ciudadanos de la manera más incomprensible. Sus atribuciones siguen siendo tan temibles como siempre porque puede decidir sobre la propiedad y la libertad de los ciudadanos. Pero si nos situamos exclusivamente en el plano de la claridad no es posible atribuir a los jueces y tribunales la peor condición.

No, desde luego, si se compara su actividad con la producción vertiginosa de normas por los legisladores, que, en un país descentralizado como el nuestro, son diecisiete Comunidades Autónomas junto al Estado, conjunto al que hay que sumar la producción continua de la Unión Europea. La masa resultante, que suma las más de doscientas mil disposiciones vigentes en España, es por completo desconocida para los ciudadanos y esta circunstancia es la expresión máxima de la oscuridad de normas que, como ya hemos visto, se suponen conocidas y siguen siendo de obligado cumplimiento.

No, en ningún caso, si se compara el ritmo de producción de decisiones de la Justicia, con la aplastante actividad de las Administraciones Públicas, imperativa, irresistible y presente en cualquier sector y generando programas y resoluciones que se suceden de manera vertiginosa.

En la práctica, puede tenerse por seguro que los ciudadanos perciben la mayor intensidad de la presencia de la Administración en sus vidas que la de los demás poderes del Estado. Es la Administración la que llena de papeles (o, ahora, de «aplicaciones») su existencia y exige el cumplimiento de requisitos nada fáciles de atender para cualquier iniciativa de los ciudadanos. Es a esta situación a la que los ciudadanos llaman burocrática y obstaculizadora de sus libertades de actuación y emprendimiento. Son situaciones de intervención que afectan a todos los ciudadanos y no a unos pocos como ocurre con la Justicia.

La oscuridad de las cargas burocráticas se afronta, con acierto o no, por el común de las gentes afectadas, aplicando su sentido común y sus medios, gastando mucho tiempo que sustraen de su vida social y negocios. Solo excepcionalmente se acude a profesionales especializados para que las interpreten, como suele ocurrir con las obligaciones tributarias, al menos cuando empiezan a tener entidad económica.

En el ámbito de la Justicia aparece implicada cada año una minoría de ciudadanos. Y los que tienen que bregar en los tribunales de cualquier orden se han de valer de representantes especializados, los abogados, que manejan el lenguaje técnico, que no es prescindible en los procesos, y comunican a los clientes o defendidos, en lenguaje llano, la situación, sus pronósticos y los resultados del pleito.

Bien es verdad que la claridad se obtiene en los procesos soportando el coste de los abogados, que es una carga que el sistema impone a los litigantes. Pero desde el pasado tiempo de los voceros (los que prestaban su voz a los contendientes) y los jurisperitos (técnicos en los asuntos legales), fusionados con los años en la profesión de abogado, no se ha entrevisto ninguna otra alternativa, en las democracias representativas, de organizar la Justicia, con carácter general, si no es utilizando como auxiliares a los indicados miembros de la «profesión elocuente». Ya he dejado consignado más atrás que, para Constituciones como la nuestra, el asesoramiento del abogado forma parte del derecho a la Justicia (véase S. Muñoz Machado, Barcelona, 2020).

7
UNA BUENA ADMINISTRACIÓN PÚBLICA CLARA

Se abre paso una nueva concepción de las relaciones entre la Administración Pública y los ciudadanos

El régimen jurídico de la Administración contemporánea se construyó en toda Europa a lo largo del siglo XIX. La tradición, recuperada por la legislación y aplicada por una jurisprudencia creativa y favorable, llevó al reconocimiento en favor de la Administración de enormes prerrogativas que la situaban en una posición «exorbitante del derecho común», como solía decirse para remarcar su condición de sujeto singular de derecho al que no son de aplicación los principios y reglas que rigen las relaciones entre ciudadanos o sujetos privados.

Estas prerrogativas consistían, como ya he expuesto, en el reconocimiento inmediato de validez a sus decisiones, el deber de cumplirlas y la asignación a la Administración de las facultades necesarias para ejecutarlas en caso de incumplimiento. Este régimen jurídico «exorbitante» se completó, después de muchos años de casi plena indemnidad o recurribilidad selectiva de los actos y normas aprobadas por la Administración, asignando a un orden jurisdiccional especializado, la jurisdicción contencioso administrativa, el control de aquellos. Poco a poco, la calidad de ese control ha ido creciendo hasta llegar a la situación actual en la que puede decirse que contamos con mecanismos jurisdiccionales que permiten un control pleno de las decisiones de la Administración.

No es este el lugar para relacionar los problemas subsistentes. Lo que interesa decir es que las prerrogativas de la Administración, en ausencia de controles jurisdiccionales eficaces, se han manifestado con formas autoritarias y limitativas de los derechos de los ciudadanos, más allá de lo necesario para atender los intereses generales. La consecuencia ha sido que la redacción de las resoluciones se hizo sin cuidado de que fueran comprensibles; las razones de la decisión, su motivación, no siempre eran suficientemente explícitas, los archivos y expedientes administrativos eran impenetrables.

Este autoritarismo de las relaciones administrativas empezó a ceder rápidamente después de aprobada la Constitución de 1978. También el proceso de la integración europea ha abierto el panorama a la aplicación de un nuevo paradigma que, aunque no desarma a las Administraciones Públicas de prerrogativas, que siguen siendo necesarias para atención del interés general, impone formas de conducta más dúctiles, dialogadas o negociadas y mucho menos imperativas.

La primera sistematización de esas nuevas reglas de comportamiento ha sido establecida en el derecho de la Unión Europea. Se organiza sobre la idea de «buena administración», cuya cifra es radicar la actuación administrativa en la observancia de normas de actuación que facilitan más la comprensión y el ejercicio de los derechos de los ciudadanos.

Su introducción en el derecho europeo ocurrió en la Carta Europea de Derechos Fundamentales, que establece lo siguiente:

> Artículo 41. Derecho a una buena administración.
>
> 1. Toda persona tiene derecho a que las instituciones y órganos de la Unión traten sus asuntos imparcial y equitativamente y dentro de un plazo razonable.
>
> 2. Este derecho incluye en particular:
>
> – el derecho de toda persona a ser oída antes de que se tome en contra suya una medida individual que le afecte desfavorablemente,
>
> – el derecho de toda persona a acceder al expediente que le afecte, dentro del respeto de los intereses legítimos de la confidencialidad y del secreto profesional y comercial,
>
> – la obligación que incumbe a la administración de motivar sus decisiones.
>
> 3. Toda persona tiene derecho a la reparación por la Comunidad de los daños causados por sus instituciones o sus

agentes en el ejercicio de sus funciones, de conformidad con los principios generales comunes a los Derechos de los Estados miembros.

4. Toda persona podrá dirigirse a las instituciones de la Unión en una de las lenguas de los Tratados y deberá recibir una contestación en esa misma lengua.

Aunque la doctrina española presentó la «buena regulación» como una gran novedad (que realmente lo es, considerada como la programación de un cambio de comportamiento administrativo), las prescripciones que reúne el artículo transcrito si bien no tienen una expresión similar en nuestra Constitución (la Constitución italiana de 1947 incorporó el *buen andamento*) estaban todas recogidas, de modo disperso, en ella y en la legislación ordinaria. La jurisprudencia ha reiterado que puede considerarse un principio implícito en la Constitución (SSTS de 19 de febrero de 2019 —recurso 128/2016—, 15 de octubre de 2020 —recurso 1652/2019— y 4 de noviembre de 2021 —recurso 8325/2019—).

Algunos de los principios mencionados en el precepto transcrito están, en efecto, en la propia Constitución, por ejemplo la eficacia, jerarquía, descentralización, desconcentración y coordinación en el funcionamiento de la Administración Pública (artículo 103.1); la audiencia de los ciudadanos, directamente o a través de las organizaciones y asociaciones reconocidas por la ley, en el procedimiento de elaboración de las disposiciones administrativas que les afecten (artículo 105.1, a); el acceso de los ciudadanos a los archivos y registros administrativos, salvo en lo que afecte a la seguridad y defensa del Estado, la averiguación de los delitos y la intimidad de las personas (artículo 105.1 b), o la audiencia del interesado en el procedimiento administrativo (artículo 105. 1, c). Así mismo, el derecho a indemnización en caso de lesiones en los bienes y derechos como consecuencia del funcionamiento de los servicios públicos (artículo 106.2). Los principios de igualdad y progresividad, eficiencia y economía se recogen en el artículo 31.

En la legislación general se encuentran todos los enunciados recogidos en los artículos 41 y 42 de la Carta Europea, especialmente en las leyes 39/2015, del Procedimiento administrativo común de las Administraciones Públicas, y 40/2015, de Régimen jurídico de las Administraciones Públicas.

Entre ellas: obligación de resolver en un plazo razonable (artículos 21 a 25 LPA), derecho de audiencia (artículo 82 y otros LPA); el art. 53.1.e) de la LPAC 39/2015 establece un derecho general a formular alegaciones y también en el artículo 76.1; derechos de acceso al expediente (artículo 53). El deber de motivación es objeto de una pormenorizada regulación en los artículos 35, 56, 62, 71 y 77 de la misma ley. La responsabilidad patrimonial de las Administraciones Públicas también tiene una regulación detallada en los artículos 32 y siguientes de la LRJAP 40/ 2015.

El acceso a documentos: derecho a conocer y derecho a comprender

El principio de transparencia puede ser entendido exclusivamente como una obligación de las Administraciones Públicas concerniente a informar de los procedimientos que sigue para adoptar resoluciones, facilitar el acceso a los interesados y poner de manifiesto o proporcionar la documentación que integre los expedientes.

La transparencia debe incluir la claridad de las comunicaciones que se dirijan a los interesados, de modo que sean suficientes para satisfacer su derecho a comprender su contenido.

Ambas manifestaciones de la transparencia han sido consideradas en la legislación administrativa y, en particular, en las normas sectoriales sobre protección de datos. Resumo la muestra:

En España se recogen las primeras reglas vinculadas al derecho de acceso a la información pública, que contempla el artículo 105.b) de la Constitución, en el artículo 37 de la Ley 30/1992, de 26 de noviembre, de Régimen Jurídico de las Administraciones Públicas y del Procedimiento Administrativo Común. Algunas directivas comunitarias sobre acceso a información pública fueron incorporadas a la Ley 27/2006, de 18 de julio, por la que se regulan los derechos de acceso a la información, de participación pública y de acceso a la justicia en materia de medioambiente, y la Ley 37/2007, de 16 de noviembre, sobre reutilización de la información del sector público, que regula el uso privado de documentos en poder de Administraciones y organismos del sector público. También, en esta línea de implantación de una cultura de transparencia a la Administración, la Ley 1/2007, de 22 de junio, de acceso electrónico de los ciudadanos a los servicios públicos.

Estas normas sobre transparencia concluyeron, en esta primera etapa, en la Ley 19/2013, de 9 de diciembre, de transparencia, acceso a la información pública y buen gobierno.

Dos preceptos de esta ley merecen ser destacados.

El artículo 5.4 prescribe que «La información sujeta a las obligaciones de transparencia será publicada en las correspondientes sedes electrónicas o páginas web y de una manera clara, estructurada y entendible para los interesados y, preferiblemente, en formatos reutilizables. Se establecerán los mecanismos adecuados para facilitar la accesibilidad, la interoperabilidad, la calidad y la reutilización de la información publicada así como su identificación y localización».

El apartado 5 del mismo precepto establece: «Toda la información será comprensible, de acceso fácil y gratuito y estará a disposición de las personas con discapacidad en una modalidad suministrada por medios y en formatos adecuados de manera que resulten accesibles y comprensibles, conforme al principio de accesibilidad universal y diseño para todos».

Algunos de estos principios tienen también su reflejo en otra ley general importante, la Ley 39/2015, de 1 de octubre, del Procedimiento Administrativo Común de las Administraciones Públicas. Incluye esta un extenso artículo, el 129, relativo a los «principios de buena regulación», que ya hemos considerado más atrás. Recuerdo que su párrafo 5 deriva del principio de transparencia la obligación de la Administración de posibilitar «el acceso sencillo, universal y actualizado de la normativa en vigor y los documentos propios de su proceso de elaboración…».

En algunas regulaciones sectoriales se encuentra aplicado expresamente el derecho a la aclaración del expediente. En materia de contratos públicos: derecho de los licitadores a solicitar la aclaración de los pliegos (art. 138 de la LCSP 9/2017; especialmente apartado 3, último párrafo).

Cómo debe comunicar sus decisiones la Administración Pública

En la Constitución no está establecida una exigencia de que las administraciones públicas expliquen las razones de las decisiones que adoptan, es decir, las motiven. Pero esto no significa que la motivación de los actos no tenga relevancia constitucional, como ha reconocido el propio Tribunal Constitucional, cuando se trata de decisiones administrativas limitativas de derechos individuales como son todas las de carácter sancionador (SSTC 21/2008, de 21 de enero; 82/2009, de 23 de marzo; 17/2009, de 16 de enero, o STC 150/2023, de 20 de noviembre, entre muchas otras).

La motivación de las resoluciones administrativas forma parte, como se ha dicho, de las prácticas de buena administración. Es una exigencia rompedora con una práctica, generalizada durante el Antiguo Régimen, que negaba que el poder tuviera que explicar sus motivaciones. Todavía la Ley 7 del título 16, Libro 11, de la Novísima Recopilación decía que la práctica de motivar solo generaba perjuicios, «dando lugar a cavilaciones de los litigantes, consumiendo mucho tiempo en la extensión de las sentencias…».

La motivación de los actos está impuesta, con carácter general, por el artículo 35 de la Ley de Procedimiento Administrativo Común 39/2015 (LPAC 39/2015), que especifica los supuestos en los que es un requisito de validez. Entre ellos, se aplica a «los actos que limiten derechos subjetivos o intereses legítimos» y «los que se dicten en ejercicio de potestades discrecionales…». También los que implican el apartamiento del precedente, que son importantes por las razones que más adelante se indican. Estos casos están muy directamente relacionados con el requisito de la claridad en la resolución. La exigencia de motivación también alcanza a las disposiciones generales, como uno de los principios básicos de «buena regulación» que establece el ya citado artículo 129 de la misma LPAC 39/2015. El preámbulo de un anteproyecto de ley o un proyecto de reglamento ha de justificar la adecuación de la iniciativa a los principios de necesidad, eficacia, proporcionalidad, seguridad jurídica, transparencia y eficiencia.

La motivación cumple simultáneamente diversas finalidades: a) permite el control directo del acto administrativo por parte de los interesados: «hace posible que los interesados conozcan los antecedentes de hecho que determinan la actuación de la Administración, así como la fundamentación jurídica legitimadora del proceder administrativo» (SSTS de 30 de abril de 2001 —recurso 618/1998—, 1 de abril de 2002 —recurso 860/2000— y 20 de mayo de 2002). b) Hace posible el conocimiento de la voluntad administrativa con exactitud. c) Permite someterla al control jurisdiccional. d) El examen de los motivos en que se funda la decisión permite su valoración desde el punto de vista, no solo de la legalidad general, sino desde el de la observación de los principios generales, muy especialmente de los de racionalidad, transparencia, certeza o interdicción de la arbitrariedad. De acuerdo con la doctrina del Tribunal Supremo, el requisito de la motivación, en relación con las disposiciones generales, es una garantía *ad extra,* necesaria «para evidenciar que el contenido discrecional que incorpora la norma no supone un ejercicio arbitrario de la potestad reglamentaria», y una garantía interna, «encaminada a asegurar tanto la legalidad como el acierto de la regulación» (STS de 16 de octubre de 2023 —recurso 848/2022 y jurisprudencia que cita—; STS de 4 de abril de 2022 —recurso 300/2020— reiterada, entre otras, en las SSTS de 21 de julio de 2025 —recurso 510/2024—). La motivación ha de ser auténtica ya que «no tiene motivación respetable, sino —pura y simplemente— la conocida *sit pro ratione voluntas* o la que ofrece lo es tal que, escudriñando su entraña, denota, a poco esfuerzo de contrastación, su carácter realmente indefinible y su inautenticidad (STS 13-7-1984, 21-11-1985, 1-12-1986, 19-5-1987 ...).». El párrafo corresponde a la STS de 21 de enero de 2022 (recurso 138/2019).

La simple falta de motivación afecta a los principios reconocidos en el art. 9.3 CE (SSTS de 29 de septiembre de 1988 y 11 de diciembre de 1998, y STC 140/2009, de 15 de junio), especialmente el de interdicción de la arbitrariedad. (STC 150/2023, de 20 de noviembre).

En el ámbito de la jurisprudencia del TJUE, la relevancia y alcance de la motivación se expresan en los mismos términos. La STJCE de 6 de septiembre de 2000 (Portugal v. Comisión) y la de 30 de abril de 2009 (Comisión v. Italia y WAM) advierten: «La motivación que se exige en el artículo 253 TCE (actual art. 296 TFUE) debe adaptarse a la naturaleza del acto de que se trate y debe mostrar de manera clara e inequívoca el razonamiento de la institución de que emane el acto impugnado, de manera que los interesados puedan conocer las razones de la medida adoptada y el juez comunitario pueda ejercer su control». En el mismo sentido, entre otras, SSTJUE de 30 de enero de 2024 (asunto C-471/22), 3 de julio de 2025 (asuntos acumulados C-534/23 P y C-539/23 P) y 10 de julio de 2025 (asunto C-287/24).

Cuando la Administración es habilitada por la legalidad de potestades discrecionales, es decir, facultándola para elegir entre diversas opciones posibles para atender los intereses generales, las leyes han de concretar suficientemente las potestades que atribuyen cuando de su ejercicio puedan resultar restricciones para los derechos de los ciudadanos.

En este sentido, aunque las normas son necesariamente abstractas y el lenguaje legal es habitualmente vago y versátil, nuestro Tribunal Constitucional estima que la indeterminación de los conceptos no puede producir el efecto de que su aplicación dependa de una decisión prácticamente libre de la Administración. El uso de conceptos vagos e indeterminados por las leyes solo es constitucionalmente legítimo cuando su concreción puede llevarse a cabo usando criterios técnicos, lógicos o de experiencia, que permitan prever sus consecuencias. El principio de la *lex certa* afecta a todas las regulaciones que tienen contenido limitativo de los derechos y condicionan la atribución de potestades discrecionales a la Administración (SSTC 133/1987, 101/1988, 93/1992, 120/1999, 233/1999). Remito a la jurisprudencia, ya referida, sobre la exigencia de que las normas que predeterminan conductas sancionables contengan reglas concretas, precisas, claras e inteligibles (STC 146/2015, de 25 de junio, FJ 2, y STS de 22 de febrero de 2024 —recurso 5528/2022—).

Las regulaciones abiertas, atributivas de amplias facultades discrecionales a sus aplicadores (sean los tribunales o la Administración), producen efectos disuasorios para la libertad. Generan autorrestricción o desaliento en la utilización de las libertades consagradas en la Constitución. Provocan lo que Laurence H. Tribe llamó el efecto «espada de Damocles» sobre la libertad de expresión.

La exigencia de claridad de las leyes que atribuyan potestades discrecionales ya la hemos examinado más atrás, poniendo como ejemplo la interpretación de la locución «prevista en la ley» que utiliza el artículo 8.2 del Convenio Europeo de 1950. No basta con que exista una ley, sino que, como ha exigido el Tribunal Europeo de Derechos Humanos, se precisa también «que la ley sea accesible; el ciudadano debe disponer de suficiente información, según las circunstancias, sobre las normas jurídicas aplicables a determinado caso» (STEDH *Sunday Times* de 26 de abril de 1979). El mismo Tribunal precisó que «La ley que atribuye una facultad discrecional no falta al requisito de previsibilidad si precisa su alcance y la manera de utilizarla con suficiente claridad teniendo en cuenta la legítima finalidad perseguida para proporcionar al individuo la adecuada protección contra una injerencia injusta» (sentencias *Olsson* de 24 de marzo de 1988, *Gillow* de 24 de noviembre de 1986, *Hassan y Tchaouch c. Bulgaria* de 26 de octubre de 2000, *Drelon c. Francia* de 8 de septiembre de 2022, etc.).

Por cuanto concierne al ejercicio de las potestades discrecionales, atribuidas legítimamente con observancia de los parámetros que acaban de indicarse, la jurisprudencia ha sido constante en la exigencia de que las decisiones de la Administración se acomoden no solo a las regulaciones sustantivas que aplican, sino a los principios de razonabilidad, interdicción de la arbitrariedad, igualdad y respeto a la confianza legítima, entre otros.

El criterio de racionalidad, que se utiliza por la jurisprudencia comúnmente, tanto para decidir sobre la adecuación a derecho de las decisiones administrativas como judiciales, impone algunas condiciones que ha resumido el Tribunal Constitucional en los siguientes términos: el requisito de que las decisiones administrativas y sentencias se encuentren motivadas solo se cumple cuando «tal motivación esté fundada en Derecho, esto es, que el fundamento de la decisión sea la aplicación no arbitraria de las normas que se consideren adecuadas al caso, pues tanto si la aplicación de la legalidad es fruto de un error patente, como si fuere arbitraria, manifiestamente irrazonada o irrazonable, no podría considerarse fundada en Derecho, dado que la aplicación de la legalidad sería tan solo una mera apariencia» (SSTC 112/1996, 119/1998, 25/2000 y 82/2001). O, como concluye la STC 155/2002, «Una resolución judicial puede tacharse de arbitraria cuando, aun constatada la existencia formal de una argumentación, no es expresión de la administración de justicia sino una mera apariencia de esta por ser fruto de un voluntarismo judicial o expresar un proceso deductivo irracional o absurdo». Lo mismo debe predicarse cuando hablamos de la motivación de actos o regulaciones administrativos: «el canon de la interdicción de la arbitrariedad (art. 9.3 de la Constitución Española) es utilizado por esa Sala para controlar la discrecionalidad de la actividad planificadora de la Administración, lo que se traduce en invalidar cualquier decisión no convenientemente motivada» (STS de 3 de julio de 2025, recurso 331/2023). También la STS de 21 de enero de 2022 (recurso 138/2019), que ya hemos citado más arriba.

Como se comprueba, hay en todas estas sentencias un control de la estructura del discurso, lo que permite al órgano judicial entrar en la evaluación semántica de los fundamentos de la decisión.

Los mismos resultados alcanza el Tribunal Constitucional partiendo de los principios de seguridad jurídica o de interdicción de la arbitrariedad (ambos en el art. 9.3 CE). Estos principios «impiden a los órganos judiciales que en sus resoluciones se aparten arbitrariamente de los precedentes propios [...] sin que medie una fundamentación suficiente y razonable [...]. Lo que prohíbe el principio de igualdad en la aplicación de la ley es el cambio irreflexivo o arbitrario, lo que equivale a sostener que el cambio es legítimo cuando es razonado, razonable y con vocación de futuro» (SSTC, entre muchas, 57 y 122/2001, 105/2009 y 205/2013).

No basta expresar las razones, sino asegurar la coherencia en términos de razonabilidad de la decisión con los hechos y lo instruido en el procedimiento. La motivación tiene que ser seria y bien fundada. Cuando se parte «de premisas inexistentes o patentemente erróneas, o sigue un desarrollo argumental que incurre en quiebras lógicas», estamos ante supuestos en que la motivación está viciada y la decisión es anulable (SSTC 46/2020, 164/2002 y 146/2024, y SSTS, entre otras, de 21 de junio de 2017 —recurso 1153/2016—, 7 de julio de 2017 —recurso 43/2015— y 30 de mayo de 2024 —recurso 1193/2022—).

Se deduce de todo esto, en fin, que el valor de la exposición, de la mera argumentación, la correcta utilización del lenguaje tiene una trascendencia decisiva para la evaluación de la validez de una decisión.

8
LA CLARIDAD EN EL CASO DE ACTIVIDADES Y SERVICIOS PRIVADOS DE INTERÉS GENERAL

UN CAMBIO DE PARADIGMA EN LA ORGANIZACIÓN DE LOS MERCADOS

La eficiencia de la intervención directa del Estado en la economía, mediante servicios y empresas de su exclusiva titularidad fue puesta en entredicho en Europa mientras se desarrollaban las políticas dirigidas a crear un mercado único. El aumento de la inflación, el crecimiento del desempleo y la crisis fiscal debida al desbordamiento de los gastos públicos, militaron a favor de reducir aquella presencia directa. También contribuyó en la misma dirección la crisis de la idea de que los organismos administrativos pueden ser eficaces gestores de empresas.

Sin discutir completamente la figura de la empresa pública, ganó terreno la convicción de que debía desenvolver su actividad en un mercado competitivo. Ello imponía despojarla de privilegios y de posiciones especiales. Cuando estas son de carácter monopolístico deben eliminarse para abrir el sector a otros agentes económicos que lleven a los mercados libres sus ofertas en competencia.

Al igual que a principios del siglo XIX, se inició un proceso de desamortización, prendió en Europa la llama de la privatización, entregó de nuevo muchas empresas y participaciones sociales dominadas por el Estado a un régimen de propiedad privada. Simultáneamente la liberalización de sectores económicos rompió con los monopolios y privilegios y multiplicó el número de agentes económicos. También, en fin, se eliminaron las trabas que se oponían a la libertad de empresa. Se esperaba con todo ello activar la economía, contener la presión fiscal y sanear financieramente las empresas y la propia Hacienda Pública.

El Estado pierde posiciones como gestor de empresas y las gana como regulador del mercado. Esta función obtiene ahora el mayor protagonismo. Consiste en vigilar el funcionamiento del mercado, corregir sus «desfallecimientos», establecer reglas cuando son necesarias para el buen funcionamiento de algunos sectores y, desde luego, asegurar la competencia libre en todos ellos.

La nueva orientación de la intervención pública en la economía se alimenta de otros muchos factores en los que no nos pararemos ahora. La implantación del mercado interior europeo reclamó una uniformización de la regulación de los sectores implicados y la estimulación de la competitividad, exigencias que militaron ambas en contra de las restricciones nacionales a la libertad de empresa, los monopolios y las posiciones privilegiadas en los mercados. El impulso que las instituciones comunitarias han dado, en general, a la nueva orientación económica liberalizadora y favorable a la libre competencia ha sido decisivo.

En los años ochenta, al final del siglo XX, muchos autores, algunos organismos públicos y las propias instituciones europeas, llegaron a poner en cuarentena el futuro de los servicios públicos. La razón era su posible incompatibilidad con unos mercados competitivos, en los que debían desaparecer todos los organismos públicos que desarrollaran actividades de relevancia mercantil, disfrutando, al mismo tiempo, de privilegios especiales, situación esta absolutamente normal en el régimen particular de organización y gestión de los servicios públicos, fuesen económicos o sociales.

La compatibilidad de un sistema de servicios públicos con la nueva orientación económica de los mercados europeos ha dejado ya de ser una cuestión controvertida, sin perjuicio de que también se hayan impuesto nuevas reglas para su organización y gestión. Las técnicas han debido cambiar parcialmente, pero la ideología en la que se ha fundado la creación y mantenimiento de servicios públicos en los Estados europeos ha sido considerada como un elemento esencial de nuestra cultura. La Comisión Europea lo ha recordado en las sucesivas comunicaciones dedicadas en los últimos años a exponer la situación de los servicios públicos en Europa. Por ejemplo, la Comunicación de 20 de septiembre de 2000 («Los servicios de interés general en Europa»): «Los servicios de interés general son un elemento clave del modelo europeo de sociedad. Actualmente, el artículo 16 del Tratado CE confirma el lugar que ocupan entre los valores comunes de la Unión y su papel en la promoción de la "cohesión social y territorial"».

El Estado garante de la claridad de las comunicaciones en el caso de actividades privadas de interés general

El Estado debe seguir asegurando, en esta situación, que las prestaciones en beneficio de los ciudadanos se mantengan. Pero ahora no las ofrece directamente. Las exige a las empresas y tiene que asegurar que las cumplen. Las empresas, por su lado, soportan imposiciones que no se limitan, como antes, a la evitación de comportamientos no dañosos para el interés general sino, en positivo, prestaciones que son irrenunciables para la distribución equitativa de los recursos disponibles y el mantenimiento igualitario del nivel de bienestar alcanzado. El Estado cambia de ser prestador y asegurador directo del funcionamiento y la calidad de los servicios a la condición de garante, vigilante del comportamiento de los mercados para que los operadores respeten la competencia y las regulaciones públicas establecidas en normas, programas o directivas de actuación formuladas por los poderes públicos competentes para asegurar la salvaguardia de los intereses generales y el cumplimiento, en su caso, de las misiones de servicio público que se les confíen.

En este momento se elevó la importancia de la función de regulación, entendida no como el poder de dictar normas, sino de utilizar todos los instrumentos, normativos y ejecutivos, precisos para orientar el funcionamiento de los mercados hacia la competencia e imponer obligaciones de servicio público a los operadores para que su natural afán de beneficio fuera compatible con las exigencias del interés general.

De modo natural, a mi juicio, se incluyen entre los deberes de garantía del regulador vigilar por que no resulte de la actividad regulada una merma o vulneración continua de los derechos de los ciudadanos a comprender.

En algunos sectores de la actividad económica esa preocupación se hecho visible con rapidez. Por ejemplo:

El Real Decreto 1345/2007, de 11 de octubre, por el que se regula el procedimiento de autorización, registro y condiciones de dispensación de los medicamentos de uso humano fabricados industrialmente, aplica la Directiva 2004/27/CE, uno de cuyos criterios es «garantizar un elevado nivel de protección de los consumidores y permitir el uso correcto de los medicamentos a partir de una información completa y comprensible».

Su artículo 29.3 dispone que «el etiquetado y el prospecto, en su diseño y contenido, facilitarán la adecuada comprensión y conocimiento del medicamento por el ciudadano. El prospecto deberá ser legible, claro, asegurando su comprensión por el paciente y reduciendo al mínimo los términos de naturaleza técnica».

El artículo 35 establece garantías de la correcta identificación, y prohíbe (en el apartado 3) las denominaciones de medicamentos cuando su prescripción o dispensación «pueda dar lugar a confusión fonética u ortográfica». Y el artículo 36.2 dispone que «El prospecto deberá ser redactado y concebido en términos claros y comprensibles», con el objetivo, según el apartado 3 del mismo precepto, de «garantizar su legibilidad, claridad y facilidad de comprensión para favorecer el uso correcto del medicamento».

El Reglamento (UE) 1169/2011, del Parlamento Europeo y del Consejo, de 25 de octubre de 2011, sobre información alimentaria facilitada al consumidor, declara en su preámbulo (considerando 26) que «las *etiquetas de los alimentos* deben ser claras y comprensibles para ayudar a los consumidores que deseen tomar sus decisiones respecto a la alimentación y la dieta con mayor conocimiento de causa». Y establece en su artículo 7.2 que «la información alimentaria será precisa, clara y fácil de comprender para el consumidor». Y el artículo 15 añade que «la información alimentaria obligatoria figurará en una lengua que comprendan fácilmente los consumidores de los Estados miembros donde se comercializa el alimento».

El Ministerio de Sanidad de España ha lanzado un código «Nutri-score» para que los consumidores identifiquen en los supermercados los alimentos con alto contenido en grasas y azúcares. Hay normativas coordinadas transnacionalmente, de diversos países de la Unión Europea, para que el etiquetado Nutri-score sea claro y comprensible. Tendrá que ir marcado en la parte frontal de los envases conforme a la regla de etiquetado frontal (FOPL-*Front of Pack Labelling*).

Con carácter general, la Ley de Defensa de los Consumidores y Usuarios (Real Decreto legislativo 1/2007, de 16 de noviembre) establece la obligación de que se les preste «la información comprensible sobre el adecuado uso y consumo de los bienes y servicios puestos a su disposición en el mercado»; empezando por el etiquetado, que debe permitir obtener, «de forma clara y comprensible, información veraz, eficaz, suficiente y accesible» (art. 18).

Son de interés los desarrollos de la Directiva UE 2016/97, del Parlamento y del Consejo, de 20 de enero de 2016, sobre la distribución de seguros. Los apartados 40 y 46 de su preámbulo consideran que «Los clientes deben disponer de antemano de información clara (que) [...] debe presentarse de forma comprensible». Y que la información se debe presentar «de una manera imparcial, clara y no engañosa». El artículo 17 impone que las comunicaciones, incluso publicitarias, dirigidas a los clientes han de tener un contenido preciso, claro y no engañoso. Incluso la tipografía de la documentación informativa sobre el producto de seguro tiene que tener una forma determinada. El artículo 20.7.b) añade que la información «tendrá una presentación y una estructura claras que permitan su fácil lectura y utilizará caracteres de un tamaño legible». Insisten en esta idea otros artículos, como el 23 y el 29.

El Reglamento de ejecución de la Comisión 2017/1469, de 11 de agosto de 2017 relativo al documento de información sobre los productos de seguro, alude, en el considerando 3, a la siguiente obligación: «A fin de proporcionar a los clientes información sobre el producto que sea fácil de leer, comprender y comparar, debe utilizarse un diseño, una estructura y un formato comunes a la hora de presentar la información...». Y el artículo 5, titulado «Lenguaje sencillo», indica que «el documento de información sobre el producto de seguro se redactará en un lenguaje sencillo que facilite al cliente la comprensión del contenido de dicho documento y se centrará en la información esencial que el cliente necesita para tomar una decisión con conocimiento de causa. Se evitará la jerga especializada».

La Ley 7/1998, de 13 de abril, sobre condiciones generales de la contratación, se refiere en su preámbulo a la obligación de que «se redacten de forma transparente, con claridad, concreción y sencillez». Y precisa el artículo 5.5 que «la redacción de cláusulas generales deberá ajustarse a los criterios de transparencia, claridad, concreción y sencillez. Las condiciones incorporadas de modo no transparente en los contratos en perjuicio de los consumidores serán nulas de pleno derecho».

Se trata de una exigencia firme de la jurisprudencia, tanto del TJUE [sentencias de 21 de marzo de 2013 (asunto C-92/11 RWE Vertrieb), 30 de abril de 2014 (C-26/13, Kásler y Káslerne Rábai), 26 de febrero de 2015 (C-143/13, Matei), y 23 de abril de 2015 (C-94/14, Van Hove)] como del Tribunal Supremo (sentencias 367/2017 de 8 de junio, y 987/2022 de 21 de diciembre, entre otras). Esta jurisprudencia viene aplicando, entre otras normas, la Directiva 93/13/CEE, del Consejo, de 5 de abril de 1993, sobre cláusulas abusivas en los contratos celebrados con los consumidores, interpretada en el sentido de que «no basta con la simple claridad gramatical», para insistir en «la importancia que, para la transparencia en la contratación con los consumidores, tiene la información».

Con carácter general, el Tribunal de Justicia de la UE ha declarado en reiteradas ocasiones que el principio de seguridad jurídica exige que toda normativa que imponga gravámenes a los contribuyentes, que implique consecuencias desfavorables para los particulares, o que establezca medidas restrictivas que tengan una incidencia considerable sobre los derechos y las libertades de las personas designadas, sea clara y precisa, con el fin de que los justiciables puedan conocer sin ambigüedad sus derechos y obligaciones y adoptar las medidas oportunas [sentencias de 30 de enero de 1985, Comisión/Dinamarca (143/83, Rec. p. 427), apartado 10; de 21 de junio de 1988, Comisión/Italia (257/86, Rec. p. 3249), apartado 12; de 16 de junio de 1993, Francia/Comisión (C-325/91, Rec. p. I-3283), apartado 26; de 1 de octubre de 2009, Comisión/Consejo (C-370/07, Rec. p. I-8917), apartado 39; de 11 de noviembre de 2010, Grootes (C-152/09, Rec. p. I-0000), apartado 43, y de 22 de diciembre de 2010, Gowan Comércio (C-77/09, Rec. p. I-0000), apartado 47].

Un sector en el que también se ha puesto especial énfasis en la exigencia de claridad en el lenguaje para la protección del usuario es el relativo a los productos financieros. En este campo, es importante el Reglamento UE 1286/2014, del Parlamento y del Consejo, de 26 de noviembre de 2014, sobre documentos de datos fundamentales relativos a los productos de inversión. En España, la Orden ECC/2316/2015, de 4 de noviembre, relativa a obligaciones de información y clasificación de productos financieros, exige que la información sea veraz, suficiente y comprensible a efectos de «garantizar que los clientes de servicios financieros dispongan de toda la información necesaria para formarse un juicio de valor sobre los servicios de inversión ofrecidos y para comprender los riesgos asociados a ellos» (preámbulo de la Orden citada).

La doctrina del Tribunal Supremo en estos asuntos de lenguaje claro tiene una expresión resumida en la sentencia de 9 de mayo de 2013 sobre la admisibilidad de las cláusulas suelo en las hipotecas condicionada a su «transparencia»: es exigible que la oferta comercial se comunique «de forma clara, comprensible y destacada... sin diluir su relevancia mediante la ubicación en cláusulas con profusión de datos no siempre fáciles de entender para quien carece de conocimientos especializados».

Como se puede observar, un somero repaso de la legislación sectorial permite descubrir muchas regulaciones preocupadas por la claridad del lenguaje que afectan tanto a los poderes públicos como a sectores dominados por operadores privados. Me referiré para concluir a las muy importantes normas relativas a la protección de datos.

El Reglamento (UE) 2016/679 del Parlamento y el Consejo, de 27 de abril de 2016, relativo a la protección de las personas físicas en lo que respecta al tratamiento de sus datos personales, que impone las siguientes exigencias:

– «El principio de transparencia exige que toda información y comunicación relativa al tratamiento de dichos datos sea fácilmente accesible y fácil de entender, y que se utilice un lenguaje sencillo y claro» (Considerando 39).

– La declaración de consentimiento debe tener una «formulación inteligente y de fácil acceso que emplee un lenguaje claro y sencillo, y que no contenga cláusulas abusivas» (Considerando 42).

– «El principio de transparencia exige que toda información dirigida al público o al interesado sea concisa, fácilmente accesible y fácil de entender, y que se utilice un lenguaje claro y sencillo, y, además, en su caso se visualice [...]. Dado que los niños merecen una protección específica, cualquier información y comunicación cuyo tratamiento les afecte debe facilitarse en un lenguaje claro y sencillo que sea fácil de entender» (Considerando 58).

– Las condiciones para el consentimiento, que regula el artículo 7, imponen que «La solicitud de consentimiento se presentará de tal forma que se distinga de los demás asuntos, de forma inteligible y de fácil acceso y utilizando un lenguaje claro y sencillo. No será vinculante ninguna parte de la declaración que constituya infracción del presente Reglamento» (apartado 2).

- El artículo 12 («Transparencia de la información, comunicación y modalidades de ejercicio de los derechos del interesado») exige que «el responsable del tratamiento tomará las medidas oportunas para facilitar al interesado [...] cualquier comunicación con arreglo a los artículos 15 a 22 y 34 relativa al tratamiento, en forma concisa, transparente, inteligible y de fácil acceso, con un lenguaje claro y sencillo, en particular cualquier información dirigida específicamente a un niño».
- El artículo 34 se refiere a la comunicación al interesado de la violación de la seguridad de los datos personales. Establece que la comunicación «describirá en un lenguaje claro y sencillo la naturaleza de la violación de la seguridad de los datos personales...».

Las Directivas 5 / 2020 (de 4 de mayo de 2020) sobre el consentimiento, que desarrollan el Reglamento (UE) 2016/679, precisan:

- «67. Cuando solicitan el consentimiento, los responsables del tratamiento deben asegurarse de que utilizan un lenguaje claro y sencillo en todos los casos, es decir, el mensaje debe ser comprensible para un ciudadano medio y no únicamente para los juristas. Los responsables del tratamiento no pueden utilizar políticas de privacidad muy extensas que sean difíciles de entender o declaraciones llenas de jerga jurídica».

– «126. Tal y como se menciona en la sección 3.1 sobre consentimiento informado, la información deberá ser comprensible para la audiencia a la que el responsable del tratamiento se dirija, teniendo especialmente en cuenta el caso de los niños…».

La sentencia del TJUE, Sala Segunda, de 11 de noviembre de 2020, relativa al consentimiento en materia de tratamiento de datos, impone una «formulación inteligible y de fácil acceso que emplee un lenguaje claro y sencillo». De acuerdo con lo que establece el Reglamento 2016/679, el tribunal recuerda que es el responsable del tratamiento de los datos quien tiene que demostrar que el interesado ha manifestado su consentimiento y que ha recibido previamente información respecto de todas las circunstancias relacionadas con ese tratamiento, con una formulación inteligible y de fácil acceso que emplee un lenguaje claro y sencillo, que le permita determinar sin dificultad las consecuencias de dicho consentimiento.

9

FRAGMENTOS DE UN PROGRAMA DE ACTUACIÓN

Seguramente, al término de este escrito, resultará incontestable para el lector que haya tenido la paciencia de seguirlo que la claridad del lenguaje del poder tiene dos vertientes: no es solo una práctica que imponen la ética y el buen gobierno de las instituciones, sino una obligación constitucional y legal y un derecho fundamental de los ciudadanos.

Las competencias de cada institución se entienden como funciones públicas que sus titulares tienen el deber de ejercer respetando los fundamentos de la atribución y los fines a que sirven. La obligación de claridad corresponde a cada uno de los poderes públicos o de las corporaciones privadas que asumen misiones de interés general. Las infracciones del deber pueden dar lugar a reclamaciones ante los tribunales de los afectados en sus derechos o intereses. Las garantías finales del cumplimiento de la obligación de claridad recaen en la Justicia.

Estos enunciados tan sencillos contienen, sin embargo, proposiciones revolucionarias porque, hasta hace poco, por razones históricas que creo que han quedado explicadas, ninguna institución, ni pública ni privada, se ocupaba del lenguaje claro y accesible al ejercer sus competencias. El ciudadano era tratado de manera imperativa y la exigencia de cumplimiento de las normas, las sentencias y las resoluciones administrativas, no estaba sometida a la condición de que fueran inteligibles.

El cambio de paradigma ha de ser paulatino, pero ninguna duda cabe de su envergadura.

Para la realización de las obligaciones y derechos concernientes a la claridad hacen falta aportaciones intelectuales añadidas a las que los poderes implicados desarrollen con sus propios medios. Resolver con claridad suscita, como primera cuestión relevante, un manejo correcto de la significación de los conceptos, de las palabras y locuciones. Existe una enriquecedora variedad léxica en los territorios donde se habla el español, pero también un enorme fondo común, que puede ser compilado y difundido. A este objetivo ha respondido el *Diccionario panhispánico del español jurídico*, desarrollado a partir de un acuerdo entre la Real Academia Española y la Cumbre Judicial Iberoamericana. Está disponible en línea y en continua reelaboración para incrementar la información que ofrece. El uso erróneo de las palabras es un buen test para medir la oscuridad de una resolución.

También pueden las instituciones mejorar sus discursos si se atienen a las recomendaciones establecidas en las Guías de lenguaje claro. La Real Academia Española publicó una de carácter general. Pero no excluye que puedan elaborarse otros documentos similares para cada uno de los poderes del Estado o incluso para instituciones en concreto como comisiones reguladoras o ayuntamientos. Lo importante de esta proliferación de guías es que no se separen de la normativa académica porque, en otro caso, el enorme trabajo de estandarización y normalización de la lengua española, fijando reglas de universal cumplimiento, que ha llevado a cabo la Real Academia Española, junto con las academias agrupadas en la Asociación de Academias de la Lengua Española (ASALE), podría resentirse innecesariamente. A este efecto, creo que dada la universal aceptación del carácter vinculante de las normas de la Real Academia Española (como mínimo a título de «derecho blando», sin un aparato represivo a su servicio), los jueces y tribunales deben examinar las pautas que establecen sus obras para resolver sobre cualquier caso de oscuridad. Las guías o herramientas parecidas con que cuente cualquier organismo constituyen ejercicios de autorregulación y servirán, sobre todo, para evaluar sus propias resoluciones desde el punto de vista de la claridad, lo que favorecerá la acción de control.

Es conveniente que las guías ilustren con ejemplos prácticos los supuestos de oscuridad. No se trata solo de estimular un uso más correcto de la lengua. No siempre las redacciones disparatadas, aunque sean desoladoras (por la vergüenza que produce que una entidad pública esté controlada por analfabetos funcionales), son incomprensibles. Pero conviene que las guías ilustren de galimatías, oraciones confusas, incisos inacabables o remisiones que no permiten conocer el discurso de forma integrada.

No será suficiente con las guías para cambiar las prácticas. El derecho a comprender el lenguaje del poder implica un cambio cultural de envergadura que necesita ser impulsado intelectual y socialmente. La instalación desde 2022 de la Red Panhispánica de Lenguaje Claro y Accesible, formada por cientos de instituciones comprometidas con la idea, ha sido un paso crucial. Ha quedado abierta a sucesivas incorporaciones, pero trabaja con empeño en conseguir el objetivo. Escribo este ensayo cuando está a punto de celebrarse en Lima la II Convención de la Red (10 y 11 de octubre de 2025) que asegura un intercambio intelectual y práctico entre los participantes, representantes todos de las instituciones asociadas.

La Red se ha trasformado inmediatamente en un lugar para la creatividad, la difusión de iniciativas de éxito, comunicación de documentos, guías y estudios, edición de revistas informativas, distribución de proyectos digitales al servicio de la claridad, programas de estudio en materia de lenguaje claro en los que pueda participar el personal de cualquier institución interesada.

Es necesario apoyarse también en la fuerza de la revolución digital. Como hemos examinado en este escrito, no todos los problemas de claridad que afectan a los poderes públicos son idénticos. Los que conciernen al Legislativo tiene que ver con la puesta a disposición de los ciudadanos de herramientas que les permitan conocer con seguridad las normas vigentes. La tecnología digital y la inteligencia artificial están permitiendo mejorar mucho este problema. Desde el *Diccionario panhispánico del español jurídico* se han construido bases de datos legislativas para algunos países del área centroamericana que no disponían de ellas. Y tanto la Real Academia, en el marco de su programa Lengua Española e Inteligencia Artificial (LEIA), como diversas universidades y entidades privadas están poniendo en servicio herramientas que permiten automatizar la conversión de las redacciones oscuras.

En fin, estos enunciados son simples fragmentos de un programa de acción que ha de ser completado con el concurso de las instituciones, las academias y los especialistas en las disciplinas más directamente afectadas.

BIBLIOGRAFÍA

Academia Argentina de las Letras, «El lenguaje claro y su aplicación en textos normativos: el caso de la Constitución de la ciudad de Buenos Aires», en Real Academia Española y Asociación de Academias de la Lengua Española (eds.), *Crónica de la lengua española 2022-23*, Espasa, Barcelona,2023.

Báez, M., «El desafío de hablar claro en tiempos de IA», en Alejandro Rafael Retegui y Fernando Bernabé Roca, *Lenguaje claro en Iberoamérica. Principios y prácticas*, La Ley Thompson Reuters, Buenos Aires, 2024.

Ballarín, S., «Lenguaje, derecho y proceso de familias», en Real Academia Española y Asociación de Academias de la Lengua Española (eds.), *Crónica de la lengua española 2022-23*, Espasa, Barcelona, 2023.

–, «El lenguaje claro en la práctica judicial. Las paradojas de su implementación», en Real Academia Española y Asociación de Academias de la Lengua Española (eds.), *Crónica de la lengua española 2025*, Espasa, Barcelona, 2025.

Barrionuevo, A. E., «La formación judicial en lenguaje claro: política y compromiso con la ciudadanía», en Alejandro Rafael Retegui y Fernando Bernabé Roca, *Lenguaje claro en Iberoamérica. Principios y prácticas*, La Ley Thompson Reuters, Buenos Aires, 2024.

Bassols Coma, M., «El principio de buena administración y la función fiscalizadora del Tribunal de Cuentas», en AA. VV., *El Tribunal de Cuentas en España*, IEF, Madrid, 1982, vol. I, págs. 259 y ss.

Blanco Herrera, R. y López Miranda, M., «Lenguaje claro como herramienta de acceso a la justicia en Chile», en Real Academia Española y Asociación de Academias de la Lengua Española (eds.), *Crónica de la lengua española 2025*, Espasa, Barcelona, 2025.

Carrillo Donaire, J. A., «Buena administración, ¿un principio, un mandato o un derecho subjetivo?», en J. A. Santamaría Pastor (dir.), *Los principios jurídicos del Derecho Administrativo*, La Ley, Madrid, 2010, págs. 1137 y ss.

Celeste Colombo, M., «Los grandes modelos de lenguaje (LLM): ¿el futuro del lenguaje claro?», en Alejandro Rafael Retegui y Fernando Bernabé Roca, *Lenguaje claro en Iberoamérica. Principios y prácticas*, La Ley Thompson Reuters, Buenos Aires, 2024.

Centurión Olguín, L. M. y Retegui, A. R., «El lenguaje claro llega a la Corte Suprema», en Alejandro Rafael Retegui y Fernando Bernabé Roca, *Lenguaje claro en Iberoamérica. Principios y prácticas*, La Ley Thompson Reuters, Buenos Aires, 2024.

Cesano, J. D. (coord.), Cucatto, M. y Mattarella, B. G., *Burocracias normativas, lenguaje jurídico y comunicación*, Editorial Brujas, Córdoba (Argentina), 2025.

Codes Calatrava, J. M., «Lenguaje claro y técnica normativa: la necesidad de acometer el problema», en Real Academia Española y Asociación de Academias de la Lengua Española (eds.), *Crónica de la lengua española 2025*, Espasa, Barcelona, 2025.

Da Cunha, I., «Inteligencia artificial y lenguaje claro en español», en Alejandro Rafael Retegui y Fernando Bernabé Roca, *Lenguaje claro en Iberoamérica. Principios y prácticas*, La Ley Thompson Reuters, Buenos Aires, 2024.

Durán López, A., «El lenguaje claro desde la perspectiva de la accesibilidad universal», en Real Academia Española y Asociación de Academias de la Lengua Española (eds.), *Crónica de la lengua española 2025*, Espasa, Barcelona, 2025.

Enríquez Mosquera, J. J., «El derecho a una buena administración y el dictado de la providencia de apremio. Criterios de aplicación de la sentencia del Tribunal Supremo 586/2020, de 28 de mayo», *Revista digital CEMCI*, 55, 2022.

Fernández, T. R., «El derecho a una buena administración: una nueva mirada a la Administración y al derecho administrativo», en J. Ponce y M. Villoria (dirs.), *Anuario del Buen Gobierno y de la Calidad de la Regulación 2020*, Fundación Democracia y Gobierno Local, Madrid, 2021, págs. 81 y ss.

Fernández Farreres, G., «El principio de buena administración según la doctrina de la Sala Tercera del Tribunal Supremo», *REDA*, 230 (octubre-diciembre 2023), págs. 11-34.

Fernández-Lomana García, M., «El derecho a una buena administración en la jurisprudencia del Tribunal Supremo», *Actualidad Administrativa*, 12, 2020.

Fuentetaja Pastor, J. A. «El derecho a la buena administración en la Carta de los Derechos Fundamentales de la Unión Europea», *RDUE*, 15, 2008, págs. 137 y ss.

Gálvez Núñez, G., y Martín Cuesta, E., «La implementación del lenguaje claro en el Perú: estado actual y desafíos», en Real Academia Española y Asociación de Academias de la Lengua Española (eds.), *Crónica de la lengua española 2025*, Espasa, Barcelona, 2025.

García Fong, G., «El uso del lenguaje en sentencias de tribunales del ramo civil en el organismo judicial de Guatemala», en Real Academia Española y Asociación de Academias de la Lengua Española (eds.), *Crónica de la lengua española 2022-23*, Espasa, Barcelona, 2023.

Grego, J. y Pereira Sáez, C. (eds.), *Los nuevos derechos humanos. Teoría jurídica y praxis política*, Comares, Granada, 2024.

Hernán Quadri, G., «Claridad digital», en Alejandro Rafael Retegui y Fernando Bernabé Roca, *Lenguaje claro en Iberoamérica. Principios y prácticas*, La Ley Thompson Reuters, Buenos Aires, 2024.

Llamas Pombo, E., «Lenguaje claro e interpretación jurídica», en Real Academia Española y Asociación de Academias de la Lengua Española (eds.), *Crónica de la lengua española 2025*, Espasa, Barcelona, 2025.

Martín Retortillo, L., «De los derechos humanos al derecho a una buena administración», en VV. AA. *El derecho a una buena administración y la ética pública*, Tirant lo Blanch, Valencia, 2011, págs. 43 y ss.

Martínez Alarcón, M. L., «Artículo 41. Derecho a una buena administración», en A. López Castillo, (dir.), *La Carta de Derechos Fundamentales de la Unión Europea. Quince años de jurisprudencia*, 2.ª ed., Tirant lo Blanch, Valencia, 2025.

Martínez Viñado, D., «La revolución en el lenguaje tributario: comunicación clara. Ayuntamiento de Barcelona», en Real Academia Española y Asociación de Academias de la Lengua Española (eds.), *Crónica de la lengua española 2025*, Espasa, Barcelona, 2025.

Matilla Correa, A., *La buena administración como noción jurídico-administrativa*, Dykinson, Madrid, 2020.

Menéndez Sebastián, E., *De la función consultiva clásica a la buena administración: Evolución en Estado social y democrático de Derecho*, Marcial Pons, Madrid, 2021.

Mestre Delgado, J. F., *El derecho de acceso a los registros y archivos administrativos (Análisis del artículo 105.b de la Constitución)*, Civitatis. Madrid, 1993.

Meza, P., «Lenguaje claro: un problema jurídico con una solución lingüística», en Alejandro Rafael Retegui y Fernando Bernabé Roca, *Lenguaje claro en Iberoamérica. Principios y prácticas*, La Ley Thompson Reuters, Buenos Aires, 2024.

Montolío Durán, E. y otros, «Hacia una comunicación tributaria clara. El proyecto de investigación ComT-Clar», en Real Academia Española y Asociación de Academias de la Lengua Española (eds.), *Crónica de la lengua española 2025*, Espasa, Barcelona, 2025.

Moreda Pozo, P., y Palomar Sanz, M., «Simple.Text: la IA al servicio del lenguaje claro», en Real Academia Española y Asociación de Academias de la Lengua Española (eds.), *Crónica de la lengua española 2025*, Espasa, Barcelona, 2025.

Muñoz Machado, S., «Lenguaje jurídico claro», en Real Academia Española y Asociación de Academias de la Lengua Española (eds.), *Crónica de la lengua española 2022-23*, Espasa, Barcelona, 2023.

–, «Prólogo», en Torres, S. G. (dir.), *El lenguaje claro en el Poder Judicial de la Provincia de Buenos Aires*, Hammurabi, Buenos Aires, 2024.

–, «Prólogo», en Poblete, C. (coord.), *Lenguaje jurídico claro. Teoría y práctica en el derecho chileno*, Ediciones DER, Santiago de Chile, 2024.

–, *Fundamentos del lenguaje claro*, Espasa, Barcelona, 2024.

–, «La unidad del español frente al desafío de un lenguaje claro y accesible», en Real Academia Española y Asociación de Academias de la Lengua Española (eds.), *Crónica de la lengua española 2025*, Espasa, Barcelona, 2025.

–, *De la democracia en Hispanoamérica*, Taurus, Barcelona, 2025.

–, *Vieja y nueva Constitución,* Crítica, Barcelona,2020.

–, «La profesión elocuente», en *Vestigios*, Crítica, Barcelona, 2020.

–, *Tratado de Derecho Administrativo y Derecho Público General*, AEBOE, Madrid, 2015, vols II, III y XII.

Muñoz Tamayo, L., «El programa Ley Fácil de la Biblioteca del Congreso Nacional: una iniciativa pionera del lenguaje claro en Chile e Hispanoamérica», en Real Academia Española y Asociación de Academias de la Lengua Española (eds.), *Crónica de la lengua española 2022-23*, Espasa, Barcelona, 2023.

Navarro, M. F. y Mazzone, N., «Derecho a la salud, derecho a comprender: una exigencia exitosa de lenguaje claro en salud», en Real Academia Española y Asociación de Academias de la Lengua Española (eds.), *Crónica de la lengua española 2025*, Espasa, Barcelona, 2025.

Novoa Campos, B., «Plataforma de jurisprudencia nacional sistematizada: una herramienta que fomenta el lenguaje claro de las sentencias del Poder Judicial del Perú», en Real Academia Española y Asociación de Academias de la Lengua Española (eds.), *Crónica de la lengua española 2022-23*, Espasa, Barcelona, 2023.

Olano García, H. A., «Interpretación jurídica en clave de claridad», en Real Academia Española y Asociación de Academias de la Lengua Española (eds.), *Crónica de la lengua española 2025*, Espasa, Barcelona, 2025.

Oteriño, R. F., «Lenguaje claro: adhesión generalizada y puesta en práctica», en Real Academia Española y Asociación de Academias de la Lengua Española (eds.), *Crónica de la lengua española 2025,* Espasa, Barcelona, 2025.

Pascual, J. A., «¿La oscuridad como impostura?», en Real Academia Española y Asociación de Academias de la Lengua Española (eds.), *Crónica de la lengua española 2022-23*, Espasa, Barcelona, 2023.

Perafán Liévano, B., «Imaginarios culturales y lenguaje jurídico claro», en Real Academia Española y Asociación de Academias de la Lengua Española (eds.), *Crónica de la lengua española 2022-23*, Espasa, Barcelona, 2023.

Pereira Campos, S., «La Red Uruguaya de Lenguaje Jurídico Claro como herramienta para el fortalecimiento de las instituciones democráticas», en Real

Academia Española y Asociación de Academias de la Lengua Española (eds.), *Crónica de la lengua española 2022-23*, Espasa, Barcelona, 2023.

Pérez-Bueno, L. C. «También para las personas con discapacidad lenguaje claro y accesible», en Real Academia Española y Asociación de Academias de la Lengua Española (eds.), *Crónica de la lengua española 2025*, Espasa, Barcelona, 2025.

Poblete, C. y otros, «Lenguaje jurídico claro y derecho: formación jurídica», en Real Academia Española y Asociación de Academias de la Lengua Española (eds.), *Crónica de la lengua española 2025*, Espasa, Barcelona, 2025.

Poblete Olmedo, C. A. y Soto Vergara, G. *Lenguaje claro*, Academia Judicial de Chile, Santiago de Chile, 2022.

Poblete Olmedo, C. A. y Yepes Villegas, P., «Propuesta de un instrumento para medir la claridad de los textos jurídico-administrativos», en Real Academia Española y Asociación de Academias de la Lengua Española (eds.), *Crónica de la lengua española 2022-23*, Espasa, Barcelona, 2023.

Ponce Solé, J., *Deber de buena administración y derecho al procedimiento administrativo debido. Las bases constitucionales del procedimiento administrativo y del ejercicio de la discrecionalidad*, Lex Nova, Valladolid, 2011.

Ramos, V. M., «Gazapos de un día de leer y escuchar», en Real Academia Española y Asociación de Academias de la Lengua Española (eds.), *Crónica de la lengua española 2022-23*, Espasa, Barcelona, 2023.

Real Academia Española y Asociación de Academias de la Lengua Española (eds.), *Crónica de la lengua española 2022-23*, Espasa, Barcelona, 2023.

Real Academia Española y Asociación de Academias de la Lengua Española (eds.), *Crónica de la lengua española 2025*, Espasa, Barcelona, 2025.

Retegui, A. R. y Rocca, F. B. (dirs.), *Lenguaje claro en Iberoamérica: Principios y prácticas*, La Ley Thomson Reuters, Buenos Aires, 2024.

Risso, G., «El proceso comunicacional del derecho constitucional», en Alejandro Rafael Retegui y Fernando Bernabé Roca, *Lenguaje claro en Iberoamérica. Principios y prácticas*, La Ley Thompson Reuters, Buenos Aires, 2024.

Talamoni, P. D., «Derecho a comprender los mandatos de la Administración. Intervención de un derecho no enumerado para una mejor democracia», en Alejandro Rafael Retegui y Fernando Bernabé Roca, *Lenguaje claro en Iberoamérica. Principios y prácticas*, La Ley Thompson Reuters, Buenos Aires, 2024.

Tomás Mallén, B., *El derecho fundamental a una buena administración*, INAP, Madrid, 2004.

Tornos Mas, J., «El principio de buena administración o el intento de dotar de alma a la Administración Pública», en *Derechos Fundamentales y otros estudios en homenaje al profesor Dr. Lorenzo Martín-Retortillo*, t. II, Gobierno de Aragón y otros, Zaragoza, 2008, págs. 629 y ss.

Tula del Moral, M. L., «Desde el Poder Judicial a la Academia. El Observatorio del Lenguaje Claro y la Facultad de Derecho de la Universidad de Buenos Aires», en Real Academia Española y Asociación de Academias de la Lengua Española (eds.), *Crónica de la lengua española 2022-23*, Espasa, Barcelona, 2023.

Valadés, D., *Igualdad ante la ley y lenguaje claro*, El Colegio Nacional, México, 2024.

Villanueva, D., *Morderse la lengua*, Espasa, Barcelona, 2021.

–, *Poderes de la palabra*, Galaxia Gutenberg, Barcelona, 2023.

–, *El atropello a la razón*, Espasa, Barcelona, 2024.

Vivanco Martínez, Á., «Lenguaje claro, administración de justicia y derechos fundamentales», en Real Academia Española y Asociación de Academias de la Lengua Española (eds.), *Crónica de la lengua española 2022-23*, Espasa, Barcelona, 2023.

Zorrilla, A. M., «Lenguaje oscuro e inaccesible en un texto jurídico argentino. Un juego de conjeturas para el lector lego», en Real Academia Española y Asociación de Academias de la Lengua Española (eds.), *Crónica de la lengua española 2025*, Espasa, Barcelona, 2025.